车用纤维复合材料专利技术分析研究

——————储晓露　林志坚　吴巧玲◎著

Patent Analysis and Research on Fiber reinforced Composite Materials for Vehicles

知识产权出版社
全国百佳图书出版单位
—北京—

图书在版编目（CIP）数据

车用纤维复合材料专利技术分析研究 / 储晓露，林志坚，吴巧玲著．— 北京：知识产权出版社，2021.9
ISBN 978-7-5130-7646-3

Ⅰ．①车… Ⅱ．①储… ②林… ③吴… Ⅲ．①汽车—工程材料—碳纤维增强复合材料—专利技术—研究—中国 Ⅳ．①U465.6-18

中国版本图书馆 CIP 数据核字（2021）第 156514 号

内容提要

本书对全球车用轻量化纤维复合材料的专利信息进行深入探讨，分析了主要国家、重点机构的车用轻量化纤维复合材料开发技术专利申请保护情况及其技术特征，明确了汽车、列车领域轻量化高性能纤维复合材料的专利产出趋势、生命周期、地域分布及其技术构成、主要专利权人及其技术构成、关键核心专利技术演进等，揭示了相关技术发展方向，提出了相关专利布局和专利预警建议。可为我国车用轻量化高性能纤维复合材料产业发展提供思路与对策，为相关政府部门的决策提供参考。

本书可供政府科技管理人员、科技情报研究人员、相关领域的企业技术管理和研发人员等使用。

责任编辑：王　辉　　　　**责任印制：**孙婷婷

车用纤维复合材料专利技术分析研究

CHEYONG XIANWEI FUHE CAILIAO ZHUANLI JISHU FENXI YANJIU

储晓露　林志坚　吴巧玲　著

出版发行：知识产权出版社有限责任公司	**网　　址：**http:// www. ipph. cn
电　　话：010－82004826	http:// www. laichushu. com
社　　址：北京市海淀区气象路50号院	**邮　　编：**100081
责编电话：010－82000860转8381	**责编邮箱：**laichushu@cnipr.com
发行电话：010－82000860转8101	**发行传真：**010－82000893
印　　刷：北京中献拓方科技发展有限公司	**经　　销：**各大网上书店、新华书店及相关专业书店
开　　本：700mm×1000mm　1/16	**印　　张：**10.75
版　　次：2021年9月第1版	**印　　次：**2021年9月第1次印刷
字　　数：170千字	**定　　价：**52.00元

ISBN 978－7－5130－7646－3

前言

车辆轻量化是在保证汽车安全性的前提下，对车辆产品进行优化设计，或者在确保车辆综合性能指标的前提下，尽可能降低车辆自身重量，达到减重、降耗、环保、安全的综合指标。车辆轻量化的意义一是节能减排，二是车辆性能的优化，主要包括舒适的体验性、驾乘性和智能化。有研究表明，汽车整备质量每减少100kg，每100km油耗降低0.3~0.6L、二氧化碳排放减少约5g/km；在驾驶方面，轻量化使汽车加速性能提高、制动距离缩短，可见车辆轻量化的节能环保效益绝不亚于汽车发动机节油技术；在加速性能方面，加速到60km的时速，1.5t的车大概需要10s，如果减重25%就可以缩短到8s。高速列车以200km/h的速度运行的时候，每牵引1t大约要消耗电力12kW·h，随着车辆速度的提高，轨道承受的负荷及能耗随之增大，时速300km/h，每牵引1t要消耗16~17kW·h。因此，在燃油经济性法规不断收紧、电池价格仍居高不下的背景下，轻量化已然成为传统内燃机汽车、新能源汽车及高速铁路机车的重要发展趋势之一。

目前车辆轻量化的途径主要有三个：材料轻量化、结构设计轻量化、制造工艺创新。实践中的轻量化往往依靠新材料实现，它能够产生一次减重和二次优化减重两重效果。当前车辆轻量化材料主要包括高强钢、铝合金、镁合金、高性能纤维复合材料、改性塑料、热塑性弹性体，其中，高性能纤维复合材料密度小、比强度高、比模量高、降噪减震、易于成形且适于制造复杂零部件，是目前实现轻量化最有效的材料。

为解决车用轻量化纤维复合材料产业存在的产业专利数量较少、专利聚集度低、核心技术欠缺等问题，再结合国家发展和改革委员会、浙江省委省政府和浙江省经济和信息化厅发展要求和指导意见，浙江省车用轻量化高性能纤维复合材料产业特色的基础上，本书通过调研国内外车用轻量化高性能纤维复合材料发展情况，分析、对比研究国内车用轻量化高性能纤维复合材料专利现状，掌握高性能纤维复合材料领域的专利产出趋势、生命周期、地域分布及其技术构成、主要专利权人及其技术构成、核心专利技术演进等内容，明确该领域发展方向，厘清产品和技术之间的关系，为浙江省车用轻量化高性能纤维复合材料的发展提供思路与对策，为相关政府部门的决策提供参考。

目 录

第1章　国内外车用轻量化纤维复合材料技术发展情况

1.1　国内外汽车轻量化高性能纤维复合材料发展现状

1.1.1　国外发展现状

Variant Market Research的报告指出，全球汽车轻量化市场容量在2024年将达到1696亿美元，年复合增长率将达到12.5%。目前，北美是全球汽车轻量化材料最大的市场，预计该地区的年复合增长率约为5.6%，在2021年达到362.3亿美元；欧洲是全球第二大市场；未来，亚太地区轻量化材料市场将是这个行业中发展最快的地区，2015年该地区的产量占全球的50%，亚太地区的轻量化材料市场正在随着越来越多的乘用车和轻型车需求而增长。复合材料因其质轻、高强、多变等优点，在汽车轻量化材料领域存在很大的投资机会。对比各个国家车用塑料及复合材料的情况来看，德国已经达到了单车300～365kg，占到整个汽车的22.5%；美国、法国的是220～249kg，占比16.5%；日本的是126～150kg，占比10%左右；中国的是90～110kg，占比8%。

汽车轻量化始于发达国家，最早由传统汽车巨头引领，经过发展已产生一定规模。车用轻量化中的高性能纤维复合材料，其历史可以追溯到1953年，美国通用的雪佛兰首次开始在量产汽车上使用玻璃纤维增强车身面板生产出世界上第一辆复合材料车身GM Corvette[1]；从此，复合材料在汽车车身上的应用逐步扩大。总体而言，车用高性能纤维复合材料的应用及发展经历了三个阶段[2]。

（1）起步阶段（20世纪50年代初延伸到20世纪80年代末）

车用复合材料以片状模塑料（Sheet moldingcompound，SMC）的应用为主，且生产复合材料汽车零部件的厂家多为业内专业生产厂家，应用从汽车外饰件逐步扩展到车身结构件。1981年，迈凯伦（McLaren）MP4-1车型的闪亮登场使碳纤维复合材料首次亮相F1赛场，被视为其正式出现在汽车工业范围内的里程碑；Renault等人在乘用车上率先采用了SMC材料的保险杠；我国原北京中华汽车公司也曾推出全玻璃钢车身的车型。

（2）成长阶段（20世纪90年代）

应用广度已拓展到结构件、内饰件以及功能件。德国大众汽车公司的奥迪100中级轿车中采用SMC材料的后保险杠背衬、右侧烟道隔离板、行李箱等部件；依维柯S系列商务车采用GMT材料的汽车顶棚；中美合资的北京吉普汽车有限公司生产的XJ系列切诺基吉普车采用纤维增强型复合材料生产后举升门总成、前散热器罩和座椅骨架等部件。

（3）快速发展阶段（21世纪）

随着新材料、新工艺、新技术的不断涌现，复合材料的性能和功能日益强大，国外汽车整机厂商对高性能纤维复合材料零部件供应商体系展开培养，国外汽车主流整机厂商相继发布各自采用高性能纤维复合材料减重的成熟汽车产品，高性能纤维复合材料已经在高端车、超跑、赛车、改装车、限量版车型以及少量的电动车上大量应用。根据欧洲热塑性复合材料联盟统计，国际上长纤维增强复合材料（LFRT）主要用于制作汽车隔音板、前端支架，其次是座椅和车身底架，在仪表板、缓冲梁、窗饰上也有应用。以SMC为代表的热固性复合材料更趋成熟，2000年美国和欧洲汽车对SMC材料消耗量的占有率已分别达到70%和42%，2012年美国能源部资助Ford实现复合材料减重23.5%，2014年德国宝马公司率先推出由高效成形高压树脂传递成型工艺（High Pressure. Resin Transfer Molding，HP. RTM）制备碳纤维增强热固性复合材料车身的i系列量产电动车，但热固性复合材料普遍面临回收再利用困难、回收成本高等问题。因此，纤维增强型热塑性复合材料由于其可回收性、实用性和低成本性，对于先进轻量化汽车车身的应用变得越来越重要。

复合材料是很好的汽车零部件替换材料，目前，复合材料在轻量化方面主要是进行功能替代。近年来，国外汽车整机厂商对高性能纤维复合材料零部件供应商体系展开培养，国外汽车主流整机厂商相继发布各自采用高性能纤维复合材料减重的成熟汽车产品，高性能纤维复合材料已经在高端车、超跑、赛车、改装车、限量版车型以及少量的电动车上大量应用。根据欧洲热塑性复合材料联盟统计，国际上长纤维增强复合材料（LFRT）主要用于制作汽车隔音板、前端支架，其次是座椅和车身底架，在仪表板、缓冲梁、窗饰上也有应用。

目前，在轻量化材料应用领域，欧盟国家、美国、日本等传统汽车强国处于领先发展地位。

（1）欧盟大丝束碳纤维和超高分子量聚乙烯纤维处于领先水平，产业用先进复合材料保持优势，特别是在飞机、风电、汽车和军工领域[3]。复合材料在欧洲汽车领域的应用已达到1/3，欧系车在很多外饰件和结构件上都采用了复合材料（见图1-1），如前端水箱支架、导流罩、导流板、翼子板、侧裙板、面罩、保险杠等。此外，乘用车的天窗遮阳板和后备厢的隔板一般也会采用复合材料。其中，德国是当前汽车轻量化材料占比最高的国家，宝马在碳纤维车身方面处于行业领先地位。

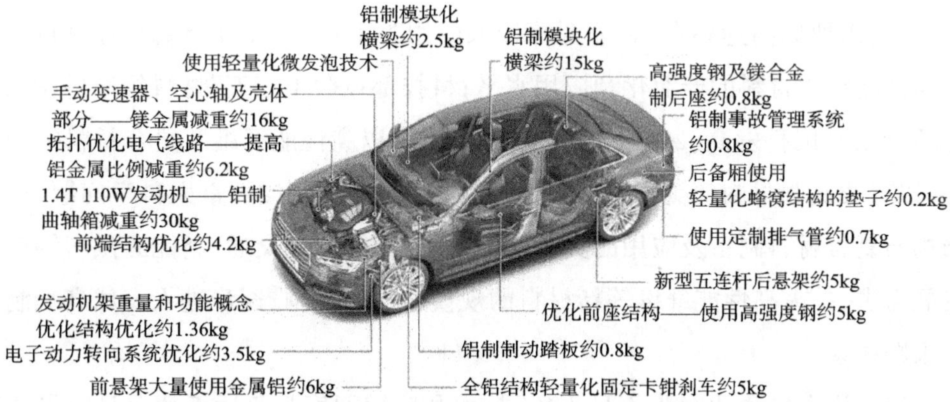

图1-1　德国大众旗下奥迪A4汽车中的轻量化措施

(2)美国保持在主要高性能纤维与复合材料高端领域的优势,支撑其在航空航天和军工领域的独特优势。美国豪华品牌车型也较多,且电动汽车发展很快,代表企业是特斯拉、通用汽车、福特等;特斯拉目前的Model S和Model X在车身和底盘上基本都采用了铝合金和其他复合材料。

(3)日本的高性能纤维品种最全、质量上乘。其在碳纤维领域属全球首位,以东丽公司为代表,目前该公司全球遥遥领先;目前日本汽车企业轻量化材料的使用也主要是集中在一些非结构件上,比如铝合金的发动机罩、塑料的翼子板和尾门等,还有就是底盘和发动机的一些铸铝件;其中代表企业是丰田的雷克萨斯和本田阿库拉。

1.1.2 国内发展现状

我国十分重视车用高性能纤维复合材料的发展,近年来发布的相关文件明确指出要在该领域大展宏图。2015年国务院发布的《中国制造2025》中已明确将碳纤维及其复合材料汽车零部件技术作为节能与新能源汽车领域的重要发展方向。2017年,工业和信息化部、国家发展和改革委员会联合印发《产业用纺织品行业"十三五"发展指导意见》,提出将战略新材料产业用纺织品作为重点发展方向,指出要以高速列车、新能源等领域应用为重点,提高纤维基复合材料及其他高性能纺织材料的产业化和应用水平;科技部在《"十三五"材料领域科技创新专项规划》(国科发高〔2017〕92号)中也提出要以高性能纤维及复合材料等为核心,以轻质高强材料等为重点,解决材料设计与结构调控的重大科学问题,突破结构与复合材料制备及应用的关键共性技术;面向轨道交通、新能源汽车等产业发展需求,扩大高性能纤维等新材料的规模化应用范围,逐步进入全球高端制造业采购体系。

国内汽车轻量化起步不足十年,技术和应用程度都落后于德美日等发达国家,但借助新能源汽车崛起契机,汽车轻量化已经从分散化、高端化、单一化的1.0时代走向集约化、普及化、多元化的2.0时代,材料轻量化正在加速进行;轻量化的发展受到智能网联、节能减排、性能提升等多重需求牵引,通过全产业上下游深度合作，在轻量化材料应用、制造工艺、结构优化、零部件研发领域多面发力，使轻量化应用车型更加普及，其中新能源汽车细分市场将有望率先取得突破。目前，我国传统汽车市场销量约2000万辆，按5%的车辆用高性能纤维材料，每辆使用100~200kg，那么每年市场空间8万~16万t；而2017年中国汽车工业协会发布的数据显示，我国新能源汽车产销量分别达到79.4万辆和77.7万辆，同比分别增长53.8%和53.3%，而新能源汽车的加速发展将进一步推动轻量化的进程。

国内高性能纤维复合材料产业主要分布在河北、山东、四川、甘肃、辽宁、浙江等地，当前，国内众多车企也纷纷加快了在轻量化领域的步伐。在轨道交通的应用上，我国蓝箭、中华之星以及和谐号高速列车的一部分辅助件都采用了复合材料，如司机台仪表框、车门窗框、车顶罩、蓄电池箱等，在轨道交通的站台、轨线设施中也应用了大量绝缘、耐腐蚀的复合材料型材构件、制品[4]。不少车企联合高校在高性能纤维复合材料制备车用零部件方面有了不小的进展。同时，经过几代人的奋斗，我国高性能纤维及其复合材料的国产化进程已跨越一大步，特别是高强高模聚乙烯纤维已经完全国产化，产量占全球的1/3。碳纤维和高性能芳纶目前虽然建立了千吨级生产线，但生产过程和产品性能稳定性、成品得率、生产成本等方面均有待改进，参与市场竞争的能力有待提高。然而，国内汽车轻量化材料使用程度与国外相比有较大的差距。复合材料在汽车领域的应用不到1/10，仅达到欧洲的三成水平；自主品牌车企复合材料使用比例不足1%，与国际先进水平相比差距较大。一方面，合资车型随着国外原型的引进通常会对国内的零部件厂商产生需求，这将有利于国内企业拓展轻量化材料业务。另一方面，广泛使用轻量化材料的合资车、进口车的进入对自主品牌车企来说是一种很好的示范，从而带动国内轻量化材料市场发展。总体上来看，中国汽车轻量化市场前景相当广阔，相关企业将会受益于汽车轻量化。

1.2 国内外铁路列车轻量化高性能纤维复合材料发展现状

1.2.1 国外发展现状

近年来全球掀起“高铁热”，各国纷纷推出规模空前的高铁发展计划，包括英国、俄罗斯、美国、印度、伊朗、沙特、阿根廷、巴西、加拿大、泰国等在内的近20个国家目前均有高铁修建计划。根据国际铁路联盟的数据，包括日本新干线高速铁路在内的全球在建高铁高速轨道为15 790km，计划建设的高速轨道为35 061km。自中国加入全球高铁市场的竞争之后，中国高铁技术迅速发展，中国已经成为全球高铁制造大国，“一带一路”倡议和高铁“走出去”战略为中国带来了20多个海外高铁项目，中企占领了全球近70%的市场，远超日本、法国和德国等，曾经居于垄断地位的日本川崎重工和日立、法国阿尔斯通、德国西门子等铁路巨头，市场份额遭到了严重挤压。按照目前高铁车辆密度和最新招标价格测算，4000km高铁建设目标对车辆的总需量约为400列、720亿元人民币。因此，海外铁路装备和高铁市场为中国高铁产业链提供了一个广阔的崭新空间，未来高铁列车轻量化市场前景广阔。

列车轻量化的历史可以追溯到20世纪上半叶的铝合金车体，20世纪80年代为了进一步减轻列车重量，改善隔声性能以及便于设计、制造，开始用纤维增强塑料夹层结构代替金属制造车体。当前已大量采用高分子非金属材料作为车厢内部设备材料也有较好的减重效果，如水箱、集便器、整体厕所、座椅等。

（1）日本

自2007年年底起，日本新型的新干线N700系高速列车已正式采用CFRP（碳纤维复合材料）部件，所用的轻量、高强和不燃CFRP部件，包括覆盖车轮的车体蒙皮、用于导电弓架周边的绝缘子，以及客车的窗框等。该公司所选用的增强材料是本公司生产的高性能沥青基碳纤维，这些CFPR部件与以往同样的铝部件相比，质量可减轻50%。而1989年，日本铁路就试制成功了CFRP转向架构架，2014年日本川崎重工业株式会社开发出世界上首次采用具备悬挂功能的碳纤维增强复合材料制作板簧的铁道车辆用转向架efWING，它比传统钢制构架重量降低约40%，相当于每车减重900kg，显著提高了能源利用率，降低了二氧化碳排放量。

（2）欧盟

意大利ETR500高速列车车头前突出部位选用KFRP（芳纶纤维复合材料）材料，最高车速大于250km/h；2010年意大利国营铁路Trenitalia订购了50列ETR1000系列高速列车，长200m，时速可达400km，只有598t重，其中使用了更多的CFRP部件。法国国营铁路公司（SNCF）的TGV高速列车采用CFRP和GFRP（玻璃纤维复合材料）的蒙皮覆发泡蜂窝结构材料芯作为车体结构材料。德国和日本都采用了CFRP转向架，使每辆车减重1t以上。

（3）韩国

韩国自2001年起就启动高速列车车厢减重的研发计划，总经费投入9500万美元，由韩国铁道研究所等承担。新的车厢结构包括两部分，车体外壳采用铝制三明治蜂窝结构外覆纤维/环氧树脂复合材料表层，其中，补强材料采用1263型碳布织物，内部支架分别采用铁与不锈钢材质。复合材料车厢长23m、宽3m、高2.7m，通过大型热压罐进行一体固化成型，铝制蜂窝芯材的厚度为40mm，内外层蒙皮厚分别为1.5mm和3.5mm，铝芯材与碳纤维蒙皮选用BONDEX606树脂进行粘合，这样的新设计车厢与原铝制车体相比可减重40%，制程缩短50%。

综上所述，以CFRP、KFRP、GFRP为主的复合材料在国外高速列车上已获得广泛的使用。

1.2.2　国内发展现状

据国家铁路局统计数据，2013—2018年我国动车组保有量（标准组）从1334辆增长至3256辆。近年来我国出台了大量支持轨道交通及其装备制造业发展的政策文件，为轨道交通及其装备制造业的持续健康发展提供了有力支持和保障。2015年以来，国务院陆续出台的《中国制造2025》《关于推进国际产能和装备制造合作的指导意见》等政策文件提出要将先进轨道交通装备作为重点突破项目，建立世界领先的现代轨道交通产业体系，同时应加快铁路“走出去”步伐，拓展轨道交通装备国际市场。2016年11月，国务院印发《“十三五”国家战略性新兴产业发展规划》，指出强化轨道交通装备领先地位，推进轨道交通装备产业智能化、绿色化、轻量化、系列化、标准化、平台化发展，加快新技术、新工艺、新材料的应用，研制先进可靠的系列产品，完善相关技术标准体系，构建现代轨道交通装备产业创新体系，打造覆盖干线铁路、城际铁路、市域（郊）铁路、城市轨道交通的全产业链布局。2019年9月，国家铁路局副局长于春孝在《交通强国建设纲要》新闻发布会上透露，到21世纪中叶，铁路交通装备方面将实现3万吨级重载列车和时速250km级高速货运列车等方面的重大突破，合理统筹安排时速400km级高速轮轨客运列车系统、时速600km级高速磁悬浮系统等技术储备研发。但专门针对高速列车用高性能纤维复合材料的政策不多。

轨道交通装备市场前景广阔。根据国务院、国家发展和改革委员会等政府部门制定的行业规划，将会有大量的新增轨道交通线路，而随着我国轨道交通运营技术的不断发展和运营经验的日益丰富，很多线路开始通过增加车辆配置密度、缩减发车间隔、增加车辆往返频率等方式来提高既有线路的运输效率，既有线路车辆密度的增加也将带动轨道交通装备市场需求的不断增长。2018年，我国完成铁路固定资产投资8028亿元，比上年同期增长0.2%，自2014年以来，铁路固定资产投资已连续五年超过8000亿元。随着我国轨道交通装备技术不断进步，轨道交通装备业产品出口市场规模也逐年扩大，据海关总署数据统计，2018年我国铁道机车及其零部件出口额144.6亿美元，同比增长32.1%，继续保持2017年以来的快速增长势头，出口总额也创2011年以来新高，保持了良好的发展势头。受到“公转铁”刺激和近期铁路领域投资加速的提振，中国铁路总公司车辆采购时点和数量均超预期。机车的定制和维修日益增加，而机车的轻量化为大势所趋，未来列车轻量化材料市场前景广阔。

我国轨道交通装备产业主要分布于传统工业强省，吉林、辽宁、河北、山东、江苏、湖南等省区借助其自身工业基地的技术优势、区位优势和资源优势，发展势头较好，具有较强竞争实力。其中又以长春、唐山、青岛、南京、株洲为核心的五大产业集群，聚集了一批我国轨道交通装备领域的骨干企业。国内高速列车轻量化应用研究相对较晚，近年来的成果主要来自中国中车（见图1-2）。2011

年，中车四方研制的试验列车采用碳纤维复合材料头罩减重约50%。2018年，中车长客研制出采用碳纤维复合材料车体轻量化设计的新一代地铁列车和“光谷量子号”有轨电车；同年，中车四方发布新一代碳纤维地铁车辆“CETROVO”，车体、转向架构架、司机室、设备舱及设备机体等均使用碳纤维复合材质制造，大规模应用碳纤维复合材料使整车减重13%。2019年，中国中车在“第二届浙江国际智慧交通产业博览会·未来交通”大会上展示了被称为“轻量化之王”的下一代碳纤维地铁列车实车，整车“瘦身”13%、能耗降低15%，列车可有效服役30年，不发生疲劳、腐蚀等，最高运行时速可达140km，采用无人驾驶技术。目前，国内在转向架构架等主要承载件上的应用几乎还是空白，基础设计理论和设计方案欠缺，新型成型工艺还在探索之中。目前，中车四方与德勒斯顿大学正在合作研制一款新型碳纤维复合材料转向架。

图1-2　中车四方新一代碳纤维车体框体

1.3　主要车用轻量化高性能纤维复合材料技术及发展情况

高性能纤维复合材料（Fiber Reinforced Polymer，或Fiber Reinforced Plastic，FRP），是采用具有特殊的物理化学结构、性能和用途，或具有特殊功能的高性能化学纤维作为增强材料，与以树脂材料为主的基体材料经过手糊成型（Hand Lay-up）、缠绕成型（Filament Winding），模压成型（Molding）或拉挤成型（Pultrusion）等工艺而形成的复合材料。作为车辆轻量化材料的高性能纤维复合材料，通常采用碳纤维、玻璃纤维、芳纶、玄武岩纤维等作为增强纤维[5]。

1.3.1 碳纤维复合材料

碳纤维复合材料相比于高强钢、铝合金、镁合金和钛合金在轻量化方面具有无可比拟的优势，减重最大可以达到50%；一直有着汽车轻量化撒手锏之美誉。碳纤维的商业化生产始于20世纪70年代的日本，由日本东丽株式会社、东邦人造丝株式会社和三菱丽阳株式会社（Mitsubishi Rayon，以下简称三菱丽阳）发起。目前所使用的高强型和超高强型碳纤维中，约90%为聚丙烯腈（PAN）基碳纤维，世界总生产能力已超过4万t。国外PAN基碳纤维的主要生产商为日本的东丽、东邦、三菱丽阳三大集团和美国的卓尔泰克、阿克苏诺贝尔（AKZO）、阿尔迪拉（ALDILA）及德国的西格里碳素（SGL）公司等。其中，日本三大集团的生产能力约占世界生产能力的75%，其次是美国，其产能占世界产能的14%。

目前，全球主要汽车厂商与高性能纤维厂商已经展开合作，将高性能纤维复合材料在汽车零部件中广泛应用于汽车车身、内外饰、底盘系统、动力系统等。（1）西格里集团（SGL）拥有碳纤维及复合材料完整生产线，其股东包含宝马等国际知名汽车整车企业，并作为宝马集团的轻量化专家承担了i3、i8车型的开发设计及配套等。（2）日本东丽于2008年在旗下名古屋工厂设立了“汽车研发中心（AMC）”，致力于向日本的汽车OEM厂提供新材料应用方面的咨询建议、研发助力以及商业化量产的解决方案；据官网消息，2018年东丽在德国慕尼黑附近开设“欧洲汽车研发中心（AMCEU）”，持续推动复合材料汽车应用，提供包括先进材料（例如碳纤维复合材料）、树脂、膜材料以及如何用其进行产品设计/生产的解决方案，并在产品试验、评估、检测等方面提供全方位的技术支持；另外，东丽研发出新的小丝束碳纤维品种——Z600，将着重在汽车等工业领域进行推广。（3）兰博基尼已经同美国波音公司携手开发碳纤维材料，专门用于制造汽车，兰博基尼的著名车型Aventador使用了一系列的碳纤维材料制造元件，并结合铝合金车身框架，整个车体的槽座部分都是采用碳纤维制造而成。（4）沃尔沃公司开发了应用碳纤维材料制造的蓄电材料供汽车使用。然而，碳纤维复合材料目前在汽车上应用更多是试探性的，商业化的全碳纤维复合材料电动汽车宝马i3并未营利，宝马及众车企着重碳纤维这个材料，从而反映出未来汽车行业的战略布局，碳纤维在汽车领域上的应用是一股无法阻挡的历史潮流。

国内汽车轻量化研究起步较晚，这些年随着我国国民经济的不断增长以及制造业的不断壮大，国内汽车制造业对碳纤维复合材料的用量呈逐年增长态势，一些国内企业在国际市场上开始崭露头角[6]。(1)康得、康得新集团在推动新能源汽车轻量化发展上举足轻重。他们打造的碳纤维轻量化生态平台已得到全球知名制造企业的高度认可，包括中安信的高性能碳纤维原丝和碳丝生产基地，康得复合材料的工业4.0版智能化碳纤维车体及部件制造工厂，以及位于德国慕尼黑的工业级的KDX欧洲复合材料研发中心和康得新-雷丁欧洲汽车设计中心；该集团与宝马、奥迪、奔驰、北汽、蔚来、沃尔沃、上汽、东风、广汽、长安汽车、吉利汽车等57家车企均有合作；康得集团还与北汽集团、常高新集团三方共同投资120亿元建立了常州康得复合材料有限公司“新能源汽车碳纤维车体及部件项目”，规划占地1000亩(1亩≈666.67平方米)，建筑面积为100万m^2，设计年产能600万件，建成后，将成为全球规模最大、技术最先进的工业4.0智能化新能源汽车碳纤维部件制造基地。(2)北京新能源汽车股份有限公司与“欧洲轻量化之父”胡芬巴赫的德国未来交通有限公司合资共建北汽新能源德累斯顿轻量化技术中心，将在多材料轻量化整车、碳纤维复合材料关键车身、底盘零部件等领域进行合作研发。(3)吉利集团则在铝合金、塑料运用和轻量化结构设计上已达到或接近欧美等汽车企业水平，目前已在车身、底盘、动力总成、传动系统等多方面进行了轻量化的升级和探索，例如复合材料外覆盖件已开始采用SMC材料、蜂窝板复合材料等材料。

1.3.2 玻璃纤维复合材料

玻璃纤维具有优良的性能：光滑圆柱状外观，对气体和液体的阻力小；强度高；良好的电绝缘性能；良好的化学稳定性，能够抵抗水、酸、碱等介质的侵蚀，如：石英玻璃纤维耐酸、AR(耐碱)玻璃纤维耐碱、C(中碱)玻璃纤维耐水；耐热性、隔音性较优良[7]。以聚赛龙的长玻璃纤维增强PP材料(LFT-PP)为例，LFT-PP在120℃时的高温疲劳强度是普通玻璃纤维增强PP的2倍，甚至比以耐热性著称的玻璃纤维增强尼龙高10%，因而这种材料具有作为结构件所需的耐久性和可靠性，非常适合用于汽车轻量化。目前典型的应用有汽车前后保险杠、挡泥板、发动机盖板、卡车顶棚、汽车仪表盘、座椅、驾驶舱、装饰、汽车电子电器元件。

早在20世纪80年代，ICI公司就实现了长纤维增强热塑性粒料的工业化生产。Jeep公司牧马人系列最早使用长玻璃纤维增强聚丙烯材料作为车门护板及前端模块；Rieter公司提供的长纤粒料应用于大众PQ35系列的前端模块；RKT公司采用长玻璃纤维增强聚丙烯材料进行发动机罩、隔音罩及前端模块的生产。由于长纤维增强热塑性粒料的生产成本较高，而且在注塑成型时会造成纤维的严重断裂导致力学性能的降低，其应用受到了限制。为了避免上述问题的出现，许多厂商开始对原材料及成型工艺进行改进，Azdel公司首先推出中长玻璃纤维毡增强聚丙烯片材，采用模压成型工艺以减少成型时纤维的断裂，来取代粒料进行车身制品的生产；Faurecia公司采用长玻璃纤维聚丙烯片材为标致汽车公司生产前端模块及底盘防护系统；大众公司选用了陶氏的玻璃纤维增强PC/ABS合金生产Phaeton美国版的仪表板支架，其途安系列则采用长玻璃纤维增强聚丙烯片材作为前端支架及扰流板。

国内方面，中国巨石作为全球最大的玻璃纤维生产商，市占率仍在不断提升。从全球看，中国巨石和OC（欧文斯科宁）分列第一位和第二位，2018年中国巨石将在我国九江、桐乡和美国新增或投产共计约40万t产能。从国内看，中国巨石产能占比34%，几乎等于行业第二名和第三名（泰山玻璃纤维和重庆国际）产能的总和，营收和国内总产量比值增加，行业龙头地位进一步巩固。由于环保政策的推行，无碱纱未来的发展空间远高于中碱玻璃纤维材料，在无碱纱中，中国巨石的产能占比达到36%，和CR5其余四家产能总和相当。国内的东风、江铃、宇通、依维柯、山西大运等企业也已经在新能源物流车上开始了复合材料替换尝试，北京汽车生产的勇士军车也采用长玻璃纤维增强聚丙烯材料作为发动机罩盖及左右翼子板，东华大学等多家机构利用不同长度玻璃纤维制备了车用玻璃纤维增强复合材料，短玻璃纤维注塑PA66复合材料在进气管、排挡和踏板等结构上都得到了应用，已有不少相关研究报道研究[8-10]。

1.3.3 芳纶纤维复合材料

芳纶纤维及其复合材料是先进新型材料发展的重要方向，其具有高比强度、高比模量、可设计性好、耐腐蚀、抗疲劳性能好等一系列的优异性能，既可作为承载负荷的结构材料，又可作为防热、防烧蚀、防腐蚀的功能性材料，芳纶也因此被称为“全能纤维”[11]。在航空航天、武器装备、轨道交通、电动汽车、高端制造业等领域的尖端技术发展中，特别是在结构轻量化中具有无可替代的地位。主要品种有间位芳纶、对位芳纶和芳砜纶，间位芳纶（芳纶1313）可用于高温防护服、电绝缘和高温过滤、绝缘等领域，对位芳纶（芳纶1414）较多应用在光纤增强材料、军事国防、摩擦材料，以及航天航空等高端领域，例如防弹车装甲、汽车轮胎帘子线、刹车片等。

国外芳纶无论是研发水平还是规模化生产都趋于成熟，全球市场基本被国外寡头垄断，美国杜邦和日本帝人几乎占据了70%的全球间位芳纶市场份额和87%的全球对位芳纶市场份额。由于芳纶具有重要的战略意义，所以相关技术一直受美国、日本技术封锁和有限禁运。国外芳纶纤维产能主要集中在日本、美国和欧洲，生产芳纶纤维的公司也较为集中，目前全球从事芳纶纤维生产的厂家主要有5个：美国杜邦公司（Kevlar）、日本帝人公司（Twaron、Teehnora）、俄罗斯卡明斯克化纤股份公司（SVM、AP-ITIOC、Rusar）、特威尔化纤股份公司（SVM、Apmoc）、韩国科隆公司（Kolon），其他国家或公司仅有少量生产。芳纶纤维的消费区域主要也集中在美国、欧洲和日本。随着生产技术的发展，以及生产成本的逐步降低，芳纶纤维的消费领域已经逐步从应用于军工和航天领域的特殊材料，发展成为在工业和民用领域有着广泛应用的高性能材料。

国内芳纶研究起步较晚，于1972年开始进行芳纶的研制工作，并于1981年通过芳纶1313的鉴定，1985年又通过芳纶1414的鉴定，它们分别相当于美国杜邦公司的Nomex和Kevlar，近几年又研制出了芳纶Ⅲ[11,12]。我国芳纶市场需求量巨大，据统计，我国每年直接和间接进口芳纶1414及相关制品总额达10亿元人民币，进口量达3000t，芳纶纤维年总需求量约达15 000t。国内实现对位芳纶生成的主要包括泰和新材、中蓝晨光、河南平煤神马、仪征化纤、河北硅谷化工以及广东彩艳等，其中，泰和新材在引进国外技术基础上历经数年研制，开发出具有自主知识产权的纽士达（NEWSTAR）牌间位芳纶，打破了美日多年的垄断。四川辉腾科技公司致力于自主设计建成国内第一条年产50t级杂环芳香族聚酰胺纤维(即芳纶Ⅲ)工业生产线并投入生产,填补了该类产品及生产线的国产化空白,现已具备年产300t级芳纶Ⅲ工业化生产线。中蓝晨光化工研究院的50t/a芳纶Ⅲ项目也已投产。广州彩艳集团规划建设的100t/a芳纶Ⅲ生产线于2011年开始投产。中国科学院、清华大学、中纺大、上海合成纤维研究所、晨光研究院以及江苏仪征化纤股份有限公司、上海艾麦达化纤科技有限公司、河南神马集团有限公司等企业在芳纶的理论研究、低温连续缩聚中试、干湿法液晶纺丝中试和芳纶热处理等制备技术方面都做了卓有成效的工作[13-16]。

1.3.4 玄武岩纤维复合材料

玄武岩纤维的抗拉强度和弹性模量都较高,有的比芳纶、E玻璃纤维都要高,与S玻璃纤维相当,同时它的模量也与玻璃纤维相当。加拿大Albarrie公司研制出的玄武岩纤维拉伸强度达到4840MPa,甚至超过了S玻璃纤维[17];其使用温度范围很广,为269 ~ 800℃,耐热性能远优于普通玻璃纤维,几乎接近耐高温的石英玻璃纤维。其软化点为960℃,最高使用温度可达到900℃。同时,由于其来源广泛,价格相对较低[18,19]。玄武岩纤维复合材料(FRP)可用于汽车内饰材料、汽车摩擦材料、汽车高温过滤材料、汽车车身、篷盖绝热材料等[20—22]。车用摩擦部件有许多都会选用玄武岩纤维作为增强体[23]。此外,由于玄武岩纤维耐磨、热传导性能较好,因此也可以在轮胎的胎面胶中使用,可以提高轮胎在使用中热量的传导,减缓热老化的作用[24,25]。

全球从事玄武岩纤维生产和营销的主要厂商有俄罗斯的KamennyVek公司、乌克兰的Technobadalt公司、乌克兰的OJSC玻璃塑料和纤维研究院以及中国横店集团上海俄金玄武岩纤维公司,另外还有比利时Masureel控股Basaltex分公司和美国Sudaglass纤维技术公司从事玄武岩纤维的加工,把玄武岩纤维制成织物和非织造增强材料,分别供应欧洲和北美洲的市场[26,27]。

我国自20世纪70年代起,就陆续开展对玄武岩纤维的研究,直到20世纪90年代中期,通过消化和吸收外来技术并对外来技术再创新的方式进行发展[28],能够用自制玄武岩纤维制备隔热材料和战斗机外壳[29]。到21世纪初,我国已经掌握玄武岩纤维生产制备技术,研发出多种类别的产品,同时我国正式将连续玄武岩纤维列入国家863计划[30]。迄今国内生产玄武岩纤维的企业多数结合企业自身发展计划和对现有技术的创新而制定发展目标,因此发展较迅速[31]。目前已有多个省份十分重视玄武岩纤维及复合材料产业的研究和发展,比如,四川将该产业列为“四大新兴高端成长型产业”,与石墨烯、轨道交通并列;山东专门成立“军民融合纤维材料研究中心”,并把玄武岩纤维及复合材料列入“山东省新旧动能转换重大工程”中,努力将该产业培育成百亿产业链。近几年,对于玄武岩纤维增强复合材料的研究也逐渐成熟,方岩等[32]通过配制不同浓度的KH550对玄武岩纤维进行改性处理然后制成KBF/PLA,王玉梅等[33]在熔融共混制得BF/PLA后运用钴-60辐射源对材料进行辐射处理,Deak等[34]选用不同的表面处理剂处理玄武岩纤维表面,制成BF/PLA复合材料,赵栩欣等[35]发现玄武岩纤维的单丝强度较好并符合Weibull分布。

第2章　汽车轻量化纤维复合材料技术专利分析

本章节中，使用了德温特创新平台（Derwent Innovation）和incoPat专利数据库，结合关键词、IPC分类方法进行专利检索和数据采集，共得到与汽车轻量化纤维复合材料相关的德温特专利族2319项，共10 923件专利（检索时间范围为1962年1月至2019年8月）。专利分析工具上，综合应用了科睿唯安的DDA、Derwent Innovation，以及合享智慧（现已加入科睿唯安）的incoPat等工具。

2.1　全球专利分析

2.1.1　全球专利申请基本状况

2.1.1.1　专利年度分布情况

图2-1展示了全球汽车轻量化纤维复合材料技术相关专利数量的年度变化趋势，总体呈上升趋势。根据专利申请数量及发展趋势，将汽车轻量化纤维复合材料技术发展分为3个阶段。

第1阶段（1965—1976年），汽车轻量化纤维复合材料技术孕育期，年均专利申请量2项。最早的汽车轻量化纤维复合材料专利申请出现在1965年，是由美国欧文斯科宁玻璃纤维公司（OWENS-CORNING FIBERGLASS CORP）申请的由玻璃纤维增强橡胶制备的冰上行驶用轮胎材料（US3658108A）。随后的十余年时间专利申请较少，主要来自美国、德国和法国，申请人非常分散，申请量最大的是美国将军轮胎橡胶公司，仅申请了2项相关专利。主要申请人还包括美国通用汽车、德国KOERNER O BOMS M、法国雷诺与标致、日本佳丽宝等。这个时期的生产厂家多为业内专业生产厂家，应用主要是格栅板、顶棚、保险杠等汽车内外饰件。其间，施引专利计数最高的是美国国家航空航天管理局于1976年申请的蜂窝芯石墨纤维/环氧树脂轻质夹芯板（US4052523A，施引44次）。碍于当时的技术水平和研究不够深入，未能在学术界和产业界产生共鸣，因此该阶段专利申请量较少。

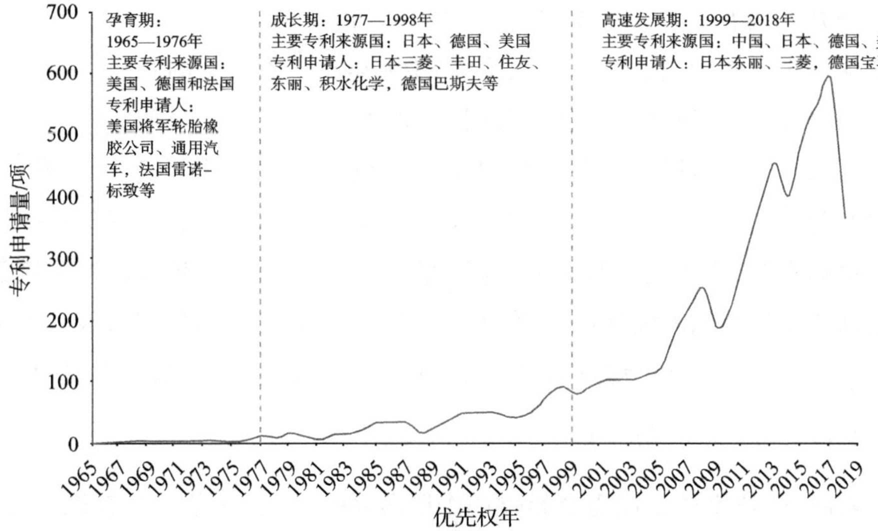

图2-1　全球汽车轻量化纤维复合材料技术专利申请趋势

第2阶段（1977—1998年），汽车轻量化纤维复合材料技术成长期。该阶段专利申请数量较前一阶段明显上升，年均专利申请量36项；其间专利申请量虽有波动，总体上呈上升趋势。该阶段专利申请主要来自日本、德国、美国，主要申请人大部分来自日本（三菱、丰田、住友、东丽等），还有德国的巴斯夫等。该阶段专利申请数量的上升主要得益于三个方面，第一方面，20世纪70年代后半期73/74石油价格急剧上升，民用航空器制造商波音和空客开始寻找重量轻的增强材料来减少油耗，这为轻量化复合材料公司打开了另一扇市场之门，刺激了研发热情；第二方面，70年代由于SMC材料的成功开发和机械化模压技术、模内涂层技术的应用，促使复合材料在汽车领域的应用年增速达到了25%；第三方面，日本80年代成功研制出高强高模T800、T1000等高性能碳纤维，积极研究开发FRP汽车部件并规模生产，核心技术的突破直接推动了碳纤维复合材料的研发进程，与此同时，英国迈凯伦打造了世界上第一辆一体式碳纤维车架公路车(最早出现在1981年McLaren F1赛车MP4-1上)，这一里程碑事件建立了全球业内机构对高性能纤维复合材料美好前景的信心。

第3阶段(1999—2018年)，汽车轻量化纤维复合材料技术进入高速发展时期。该阶段专利申请数量直线上升，2017年专利申请达到589项(由于发明专利申请到公开一般有18个月的延滞期，2018年及以后的数据不全)。该阶段的专利申请主要来自中国、日本、德国和美国，主要申请人有日本的东丽、三菱，德国的宝马、中国的金发科技等。这一时期，随着环保和轻量化、节能的呼声越来越高，而且从20世纪90年代中期开始，随着航空领域的发展，世界高性能纤维复合材料的消费量高速增长，高性能纤维的价格也随着产能的释放而下降，这些都刺激了大量的需求，作为新材料前沿的高性能纤维复合材料逐步替代汽车零部件中的金属产品和其他传统材料，汽车领域市场已经崛起。可以预测，未来汽车轻量化纤维复合材料专利申请量仍会有持续增长的趋势，发展前景毋庸置疑。

2.1.1.2 技术生命周期

一般而言，技术的发展需要经过四个阶段：第一阶段为技术孕育期；在此期间企业进入意愿低，专利申请数量和申请人数量均很少；第二阶段为技术成长期，这一阶段产业技术有突破或厂商对于市场价值有了认知，竞相投入发展，专利申请量与专利申请人数急速上升；第三阶段为技术成熟期，厂商投资于研发的资源不再扩张，只剩少数继续发展此类技术，且因其他厂商进入此市场意愿低或技术门槛较高，专利申请量与专利申请人数增长逐渐减缓；第四阶段为技术瓶颈期，产业技术研发遇瓶颈难以突破或此类产业已过于成熟，专利申请量与专利申请人数呈现负增长。

从图2-2可以看出，全球汽车轻量化纤维复合材料技术经过20世纪60年代到70年代中期的第一阶段技术孕育期和70年代中后期到90年代末期的技术成长期后，大致在21世纪前后正式进入第二阶段技术成长期，并快速发展。专利申请人数量和专利数量总体出现大幅增长，直至2017年专利申请人和专利族数量分别达到443个和589项，目前仍处于高速发展期。

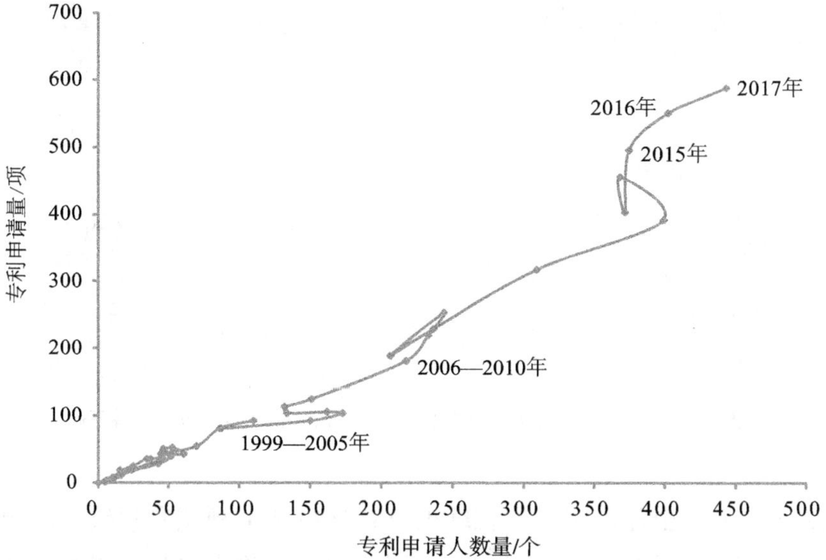

图2-2　全球汽车轻量化纤维复合材料技术生命周期

2.1.2　专利技术分析

2.1.2.1　热点技术分析

通常情况下，一件专利可以同时具有多个德温特手工代码（MC），MC分析是指将专利技术按MC分类号排序，统计分析不同技术领域专利申请技术情报，从而获知该领域的技术构成情况及专利申请人关注的技术点等内容。

图2-3通过Derwent Innovation的ThemeScape专利聚类图分析汽车轻量化纤维复合材料领域的技术研究热点。主要集中在三大方向：（1）纤维类型和增强体结构。（2）树脂体系。（3）纤维复合材料的应用。其中，纤维类型和增强体结构方面，玻璃纤维、碳纤维两种纤维，织物铺层、短切纤维粉末填充两种结构，山峰最高，提示这四个领域专利数量多，是研究热点；树脂体系方面聚酰胺树脂、聚丙烯树脂的山峰最高，是研究热点；应用方面，发动机、轮胎、刹车的山峰最高，提示这三个领域专利数量多，是研究热点。

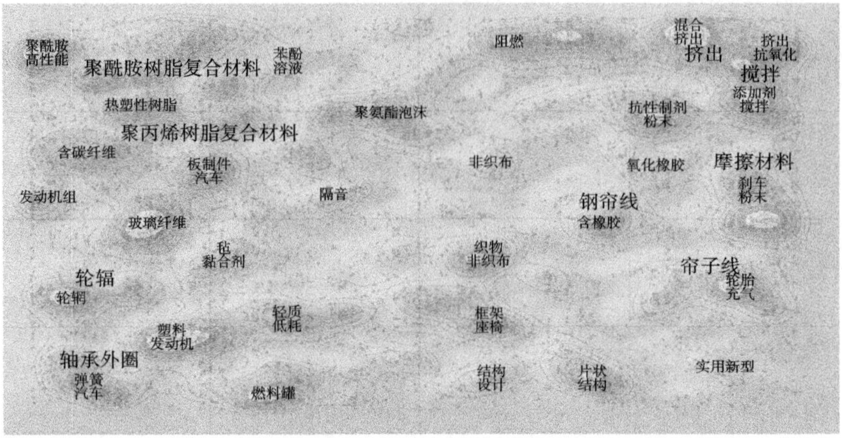

图2-3　汽车轻量化纤维复合材料技术ThemeScape聚类分析图

表2-1列出了全球汽车轻量化纤维复合材料技术领域专利较多的德温特手工代码(MC)及其释义。从产业链分布分析发现,在汽车轻量化纤维复合材料领域的热点专利技术主要分布在产业链下游的产品和应用领域,如车用增强塑料半成品、模压成型的车用零部件等(A12-S08D3、A12-T04D和A12-T04);其次是中游的车用复合纤维领域,如特定增强塑料半成品、玻璃纤维增强塑料(A12-S08C、A12-S08B);再次是制备复合纤维的工艺,如纤维增强塑料的铺层工艺、碳纤维填充料及增强剂、均质化等预处理工艺(A11-B09A1、A08-R03A、A08-R01和A11-A03)。从纤维种类分析发现,碳纤维和玻璃纤维产品是该领域的技术热点(A12-S08C、A12-S08B和A08-R03A)。

表2-1　全球汽车轻量化纤维复合材料技术领域德温特手工代码分析

德温特手工代码	专利数量/项	德温特手工代码释义
A12-S08D3	3056	车用、军用增强塑料半成品
A12-S08C	2213	特定增强塑料半成品,如碳纤维增强
A12-S08B	2089	玻璃纤维增强塑料
A12-T04D	1980	其他模压成型的车用零部件
A11-B09A1	1532	纤维增强塑料的铺层工艺
A08-R03A	1161	碳纤维填充料及增强剂
A08-R01	1050	填充料及增强剂

续表

德温特手工代码	专利数量/项	德温特手工代码释义
A12-T04	861	其他车用零部件
A11-A03	684	预处理,如混合、合成、均质化、调配
A12-T04C	501	车用引擎系统及相关元件;电学元件

2.1.2.2　纤维类型分析

进一步对汽车轻量化纤维复合材料纤维类型分析发现(见图2-4),碳纤维复合材料专利最多,达3713项;其次是玻璃纤维复合材料,专利达3114项;随后是芳纶复合材料(826项)和玄武岩纤维复合材料(277项)。

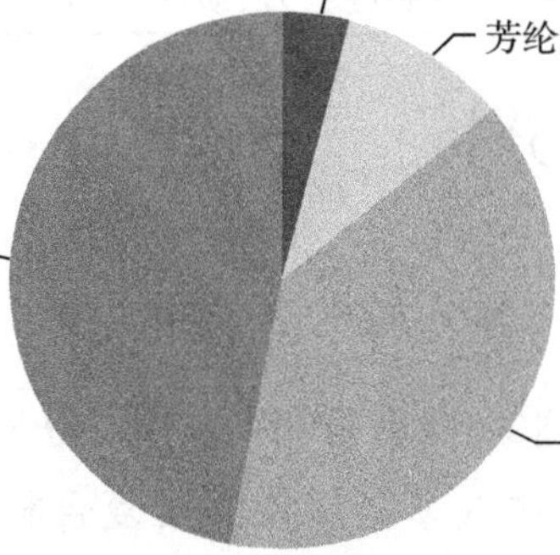

图2-4　汽车轻量化纤维复合材料纤维类型分析

2.1.2.3　新兴技术分析

表2-2对汽车轻量化纤维复合材料技术领域2017—2019年首次使用且专利数量较多的德温特手工代码进行汇总。其中,专利数最多的是L02-A08(耐火材料、陶瓷、水泥的测试、控制方法);其次是G02-A02D2(基于乙烯基卤化聚合物的涂料、漆)。这些首次使用的德温特手工代码聚集领域,可能是未来汽车轻量化纤维复合材料技术领域新的研发热点所在。

表2-2　汽车轻量化纤维复合材料技术领域2017—2019年首次使用的德温特手工代码

德温特手工代码	专利数量/项	德温特手工代码释义
L02-A08	5	耐火材料、陶瓷、水泥的测试、控制方法

续表

德温特手工代码	专利数量/项	德温特手工代码释义
G02-A02D2	4	基于乙烯基卤化聚合物的涂料、漆
A03-A02A	3	醋酸纤维素纤维及织物
A05-E02A	3	从饱和的(环)脂肪族、二羧酸,二氢醇或酚获得的饱和聚酯
A08-S09	3	抗沉淀剂
A10-G01B	3	其他聚合物的提纯和浓缩
A12-E11	3	光电应用
D09-A01A	3	通过氧化剂、卤化剂、重金属、无机物灭菌
F05-A06C	2	通过在纤维上添加聚合物、树脂制备纸、卡纸板
J01-G02	2	通过重力、惯性、离心力从气体、蒸汽中分离分散颗粒

2.1.3 专利区域分析

2.1.3.1 全球专利来源区域分布

通过对专利的优先权国家/地区分析,可以获得某技术领域专利的技术来源区域分布。由图2-5看出,在汽车轻量化纤维复合材料技术领域中国的专利最多,达2233项(占比36%);其次是日本、德国和美国,专利数量分别为1800项(占比29%)、815项(占比13%)和575项(占比9%)。表明中国和日本的企业和科研单位非常重视汽车轻量化纤维复合材料的研发,处于全球第一梯队。

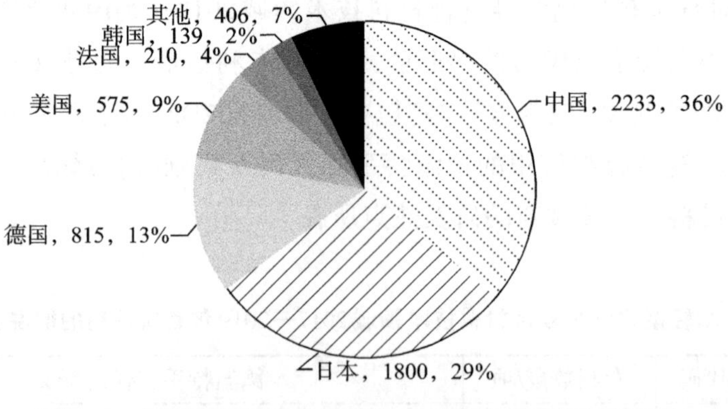

图2-5 全球汽车轻量化纤维复合材料专利来源区域分布

2.1.3.2 主要技术来源国专利申请时间分布

从主要专利来源地区专利申请时间分布情况上看（见图2-6），日本、德国、美国和法国是全球汽车轻量化纤维复合材料技术研发的先行者，20世纪六七十年代就开始申请了该技术领域的专利，并同时开启了技术孕育期。1999年以前，日本在该技术领域已申请了407项专利，德国、美国、法国分别有133项、131项、53项。而我国起步较晚，至1985年才开始申请了第一项相关专利；但是，2009年以后，我国奋起直追，2010年度专利数量超越日本，位居全球第一，这与我国汽车、新材料企业和研究机构对该技术领域的研发投入增大有关。我国2014年及以后的专利占比70%。值得一提的是，日本、德国、美国、法国四国的专利申请虽起步早，但70%左右的专利集中在2013年以前，此后开始出现专利申请下降趋势。

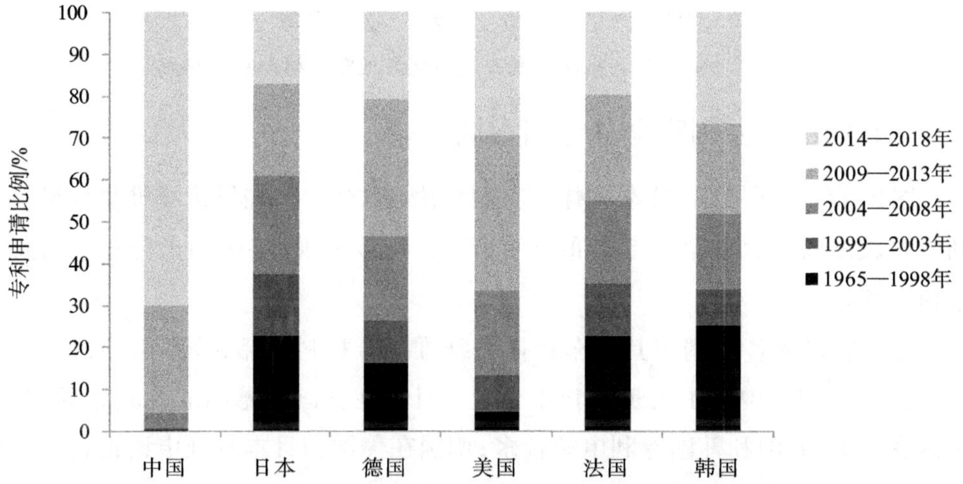

图2-6 汽车轻量化纤维复合材料主要技术来源国专利申请时间分布

2.1.3.3 主要国家专利技术布局

图2-7对主要专利来源国在4大汽车轻量化纤维复合材料的专利申请情况进行分析，可知各国均侧重于碳纤维复合材料和玻璃纤维复合材料的研发，专利数量较多。在芳纶复合材料方面，德国、美国的专利申请比例较高；在玄武岩纤

维复合材料方面，我国和法国的专利申请比例较高，我国在该材料领域的专利数量占有绝对优势。

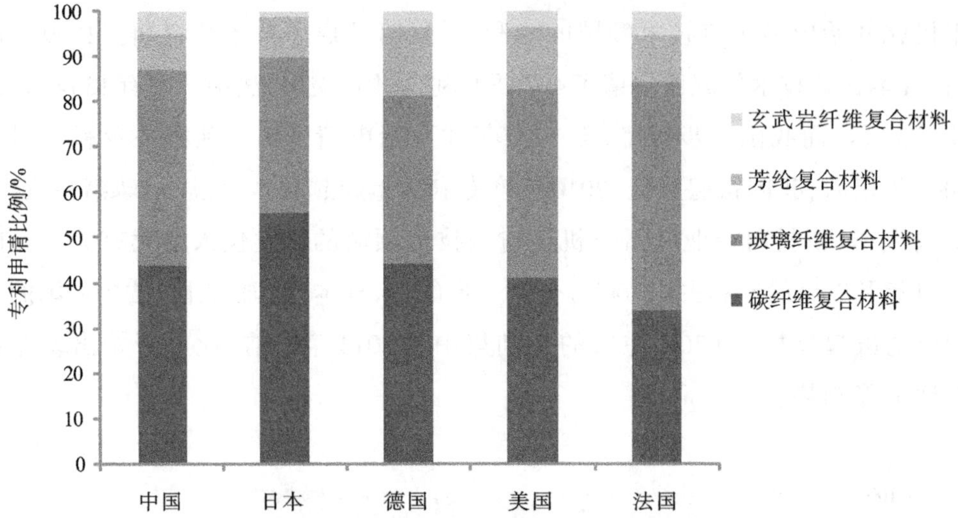

图2-7 主要专利来源国汽车轻量化纤维复合材料技术布局

2.1.3.4 主要国家全球专利布局

图2-8分析了中国、日本、德国、美国和法国5个汽车轻量化纤维复合材料专利数量较多的国家在全球专利布局的情况。可以发现，各国均十分重视向海外申请专利。

为了在世界各地销售其汽车轻量化纤维复合材料产品，抢占市场，日本、美国、德国、法国均申请了大量的PCT专利。日本在美国和德国的专利布局较多；美国在日本、德国和韩国专利申请较多；德国在美国和日本专利申请也较多。可见这3个国家在汽车轻量化纤维复合材料领域开展了激烈的专利输出战。然而日本、美国、德国三国在我国的专利布局则较少。这主要是由于采用汽车轻量化纤维复合材料的高端汽车市场主要集中在美国、日本、欧洲，而我国市场规模相对较小。另外，也提示我国企业发展汽车纤维复合材料，当前在国内面临的外来专利壁垒不算太高。我国机构为开拓海外市场，也申请了较多的PCT专利，同时积极在日本、美国、韩国和欧洲地区开展专利布局，这也反映出我国在该领域外向型的市场战略。

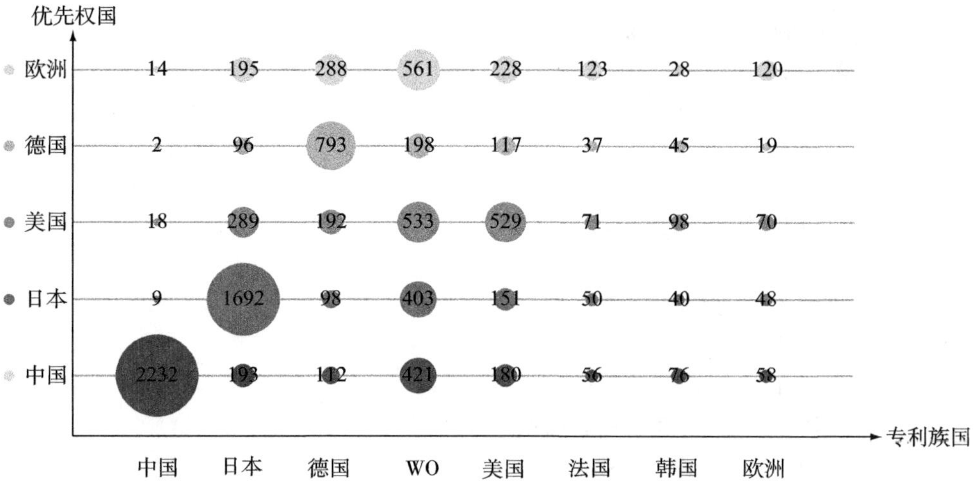

图2-8 主要专利国家(地区)全球专利族布局

注:WO代表世界知识产权组织,表示该专利经PCT条约,由WIPO进行登记,然后在多个国家进行专利申请,标WO专利号。

2.1.4 专利申请人分析

2.1.4.1 主要专利申请人

图2-9给出了全球汽车轻量化纤维复合材料技术领域的主要专利申请人。排名前5的是日本的东丽、三菱、住友、丰田和德国的宝马,分别申请了185项、176项、112项、108项和98项相关专利。

从专利申请人所属国家分布看,TOP 20申请人主要来自日本和德国,其中日本有10家,德国5家;TOP 10申请人日本有7家。可见日本、德国企业在该领域拥有较强的技术实力。中国和美国都仅有2家企业进入TOP 20行列,分别是奇瑞汽车、金发科技、通用汽车和杜邦集团。

同时也可以看出,针对汽车轻量化纤维复合材料的研发主要是以企业为主体,以保护市场为目的,最终以获得丰厚的利润为研发动力。这些企业可能是未来国内企业争夺本土市场的重点竞争对手。

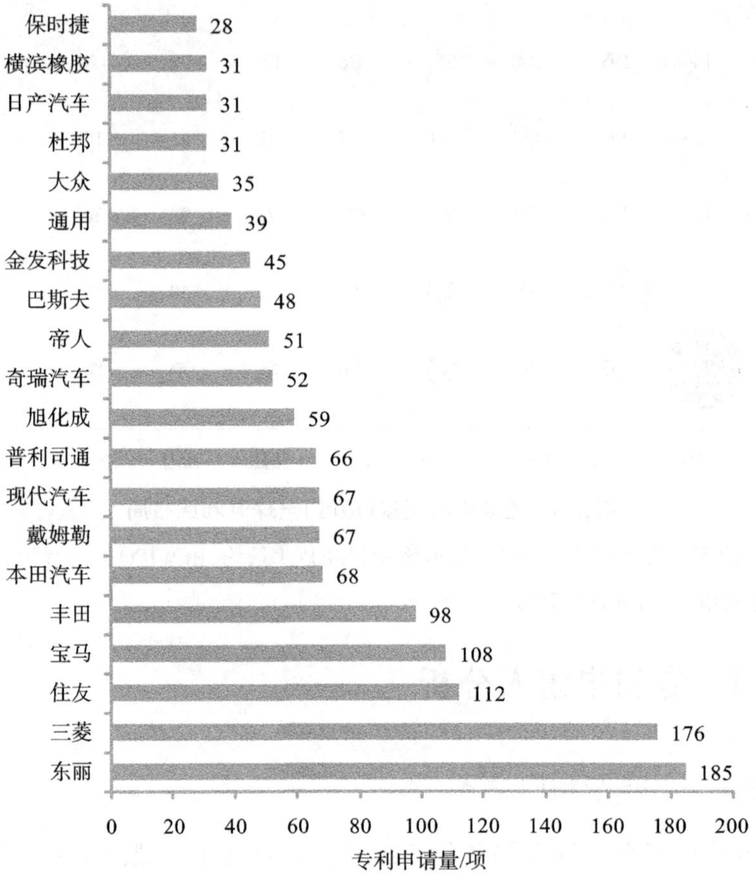

图2-9 汽车轻量化纤维复合材料主要专利申请人

2.1.4.2 主要申请人专利申请时间分布

从主要申请人的专利申请时间分布情况上看(见图2-10),TOP 20申请人的专利主要集中在2004年以后,且2013—2018年是各大企业汽车轻量化纤维复合材料专利的密集申请期。其中,东丽、三菱、住友、宝马、丰田、旭化成、通用和保时捷等企业2004年以来的专利申请较为稳定;戴勒姆和帝人等企业的专利主要分布在2009年以后;而奇瑞和现代50%以上的专利分布在2013—2018年;金发科技75%以上的专利分布在2009—2013年。总体而言,国外汽车轻量化纤维复合材料巨头的专利布局主要集中在2008—2018年,我国企业虽起步较晚,但增加研发投入、抓紧研发步伐,及时申请相关专利,仍有赶超机会。

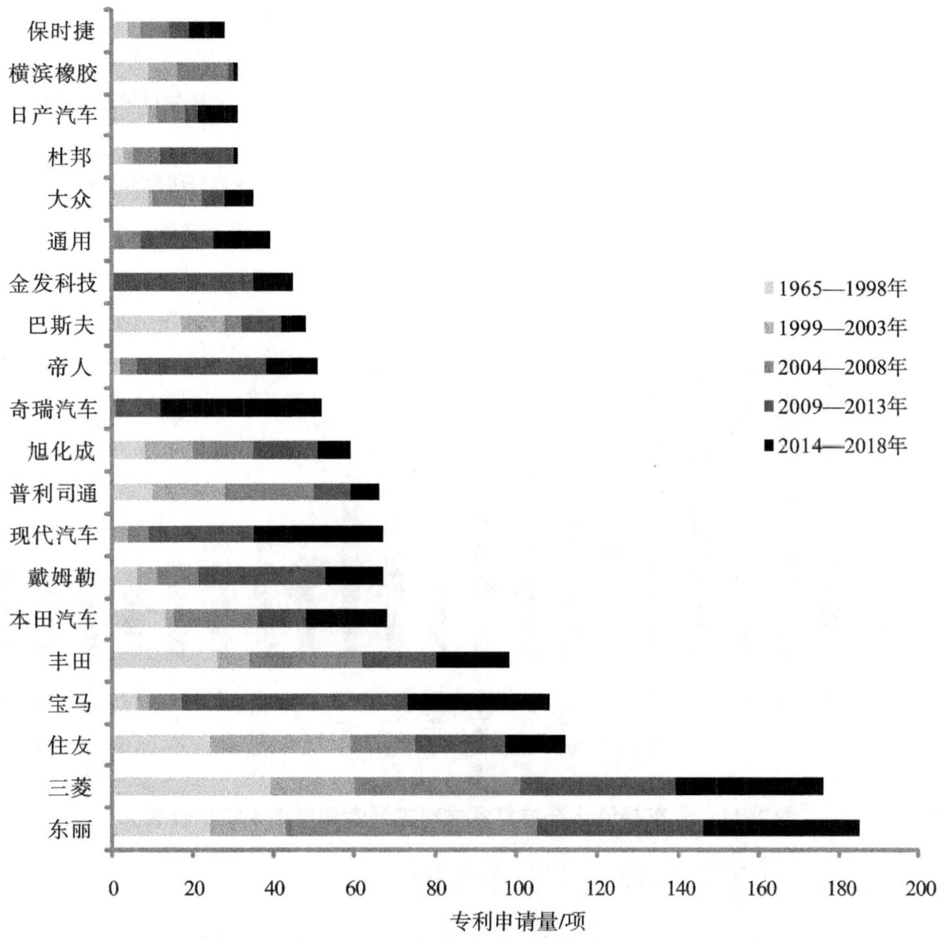

图2-10　汽车轻量化纤维复合材料主要申请人专利申请时间分布

2.1.4.3　主要申请人技术特长

由图2-11可知，在汽车轻量化纤维复合材料领域各主要专利申请人的技术特长各有不同，且碳纤维复合材料的相关专利都比较多。其中，宝马、戴勒姆、通用和杜邦的专利分布较均衡，碳纤维、玻璃纤维和芳纶复合材料的专利均较多；三菱、住友、丰田、现代、大众、日产和保时捷的专利主要分布在碳纤维和玻璃纤维复合材料；东丽、普利司通、奇瑞、帝人和横滨橡胶的专利主要集中在碳纤维复合材料；旭化成、巴斯夫和金发科技在玻璃纤维复合材料的专利布局占比很大。玄武岩纤维复合材料相关专利申请较多的企业是宝马公司。

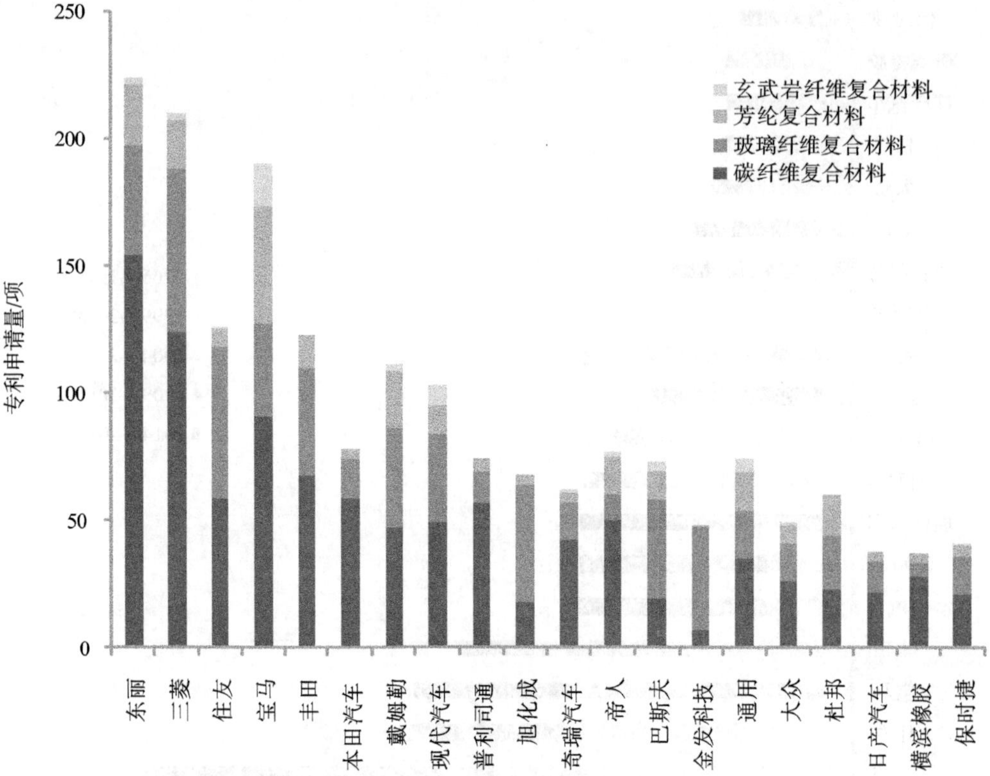

图2-11 汽车轻量化纤维复合材料主要专利申请人技术特长

2.1.4.4 主要专利申请人合作分析

创新主体之间的技术合作不仅可促进创新主体之间互相取长补短，增强自身的技术创新能力，扩大在该技术领域的影响力和竞争力，也能促进专利申请质量提高。

如表2-3所示，全球主要汽车轻量化纤维复合材料研发机构之间的相互合作情况并不多，仅有零星的几家企业合作申请相关专利。如起亚汽车和现代公司之间有24项合作申请专利；丰田汽车和住友公司有6项合作申请专利；丰田和三菱、普利司通和东丽、帝人和三菱等也有较少的专利合作申请。可见，由于市场竞争极为激烈，国外公司与公司之间的专利合作申请较少。

表2-3　汽车轻量化纤维复合材料技术主要专利申请人合作情况

单位:项

记录数量	专利申请人	东丽	三菱	住友	宝马	丰田	本田汽车	戴姆勒	现代汽车	普利司通	旭化成	奇瑞汽车	帝人	巴斯夫	金发科技	通用	大众	杜邦	日产汽车	雅马哈橡胶	奥迪	保时捷	日本精工	上海杰事杰新材料	福特	日立	起亚汽车
185	东丽	185	1			2	1		1	2								1									1
176	三菱	1	176			2	1						2						1	1							
112	住友			112			6						1													1	
108	宝马				108																						
98	丰田	2	2			98																					
68	本田汽车	1	1	6			68																				
67	戴姆勒							67						1													
67	现代汽车	1							67																		24
66	普利司通	2								66																	
59	旭化成										59																
52	奇瑞汽车											52															
51	帝人		2	1									51			1											
48	巴斯夫							1						48													
45	金发科技														45												
39	通用												1			39											
35	大众																35				1						
31	杜邦	1																31	1								
31	日产汽车		1															1	31								

续表

记录数量	专利申请人	东丽	三菱	住友	宝马	丰田	本田汽车	戴姆勒	现代汽车	普利司通	旭化成	奇瑞汽车	帝人	巴斯夫	金发科技	通用	大众	杜邦	日产汽车	雅马哈橡胶	奥迪	保时捷	日本精工	上海杰事杰新材料	福特	日立	起亚汽车
31	雅马哈橡胶		1																	31							
28	奥迪																1				28						
28	保时捷																					28					
26	日本精工																						26				
26	上海杰事杰新材料																							26			
25	福特																								25		
25	日立			1																						25	
25	起亚汽车	1							24																		25

2.1.5 重要专利分析

2.1.5.1 技术引证分析

专利技术引证分析是当前专利情报分析的主要手段之一,其基本原理是:依据某项专利被其他专利引用的频次来评价该专利的价值和影响力,依据某申请人专利被其他申请人专利引用的频次来评价该企业的行业地位。这当中所蕴含的基本假设是:专利被引频次与专利价值正相关,高被引专利对产业技术发展产生着持续的影响,具有较高的经济价值和技术价值。此外,通过技术引证分析,可以发现专利被其他申请人引用的情况,也可以从中寻求许可机会,追踪技术发展及识别专利权人的专利保护策略。

表2-4列举了汽车轻量化纤维复合材料技术领域被引100次以上的高被引专利。这些专利申请人分布比较分散，主要来自德国航空航天中心，美国3M公司、道康宁公司、联合信号公司、爱赛克斯特种产品公司，日本东丽株式会社、NSK公司，韩国起亚自动车、现代自动车、丰田合成、康奈可公司等复合材料研发或应用的巨头。

表2-4 汽车轻量化纤维复合材料技术领域高被引专利

优先权号 优先权日	标题	专利申请人	专利家族被引证次数/次
DE4438456A 1994-10-28	摩擦组件	德国航空航天中心	273
US05393587 1973-08-31	膨胀片层材料	美国明尼苏达矿业公司（3M公司）	261
US60365639 2002-03-19	缠结单壁碳纳米管固体材料及其制备方法	SMALLEY RICHARD E等人	252
JP2006047987 2006-02-24	纤维增强热塑性树脂模塑制品，模塑材料，和用于生产模塑制品的方法	日本东丽株式会社	232
US07071969 1987-07-10	光面纤维增强模塑制品及施工工艺	美国MASLAND C H SONS	155
GB9808890 1998-04-28	硅氧烷涂覆的纺织织物	美国道康宁公司	152
US1994262768A 1994-06-20	装甲组件	美国O'Gara-Hess与Eisenhardt装甲公司	152
US06043556 1979-05-29	高频输入/输出馈通和高频外壳封装	美国塞拉尼斯公司（全球领先的乙酰基产品制造商）	145
JP2003433886 2003-12-26	用于热固性复合材料成型的方法和装置	日本JAMCO公司（现名NSK公司，国际知名飞机工程服务公司及客舱设备供应商）	140

续表

优先权号 优先权日	标题	专利申请人	专利家族被引证次数/次
KR1020100106375 2010-10-28	用于塑料复合材料电动车的电池组壳体组件	韩国起亚自动车株式会社、现代自动车株式会社	139
US05890232 1978-03-27	碳纤维增强复合驱动轴	美国塞拉尼斯公司	138
US08148732 1993-10-29	高强度复合材料	美国联合信号公司(从事航空航天)	134
EP2002100236A 2002-03-08	增强防撞梁	N V BEKAERT S A 等人	128
JP07323281 1995-12-12	车辆气囊安装	日本丰田合成株式会社	126
US1990602182A 1990-10-23	高性能碳纤维结构	BAKER R 等人	125
US09173878 1998-10-16	用热塑性泡沫芯和天然纤维制造的复合建筑板及其制造方法和装置	德国 R+S STANZTECHNIK 公司	123
CA590729A 1989-02-10	复合板结构	GREEN PATRICK H	114
JP2002319809 2002-11-01 JP2002368060 2002-12-19	横构件和其制造方法	日本康奈可公司(集研究、开发、设计、制造汽车零件总成为一体的跨国公司)	109
US06912264 1986-09-26	改进阻燃织物	美国 UNITED MERCHANTS MFG公司	107
US07044885 1987-05-01	用于加强面板的蜂窝增强板	美国爱赛克斯特种产品公司(陶氏杜邦)	105
CA2011515 1990-03-05	三维非织织物	JOHNSON JOHNSON	105

续表

优先权号 优先权日	标题	专利申请人	专利家族被引证次数/次
US07861477 1992-04-01	金属复合垫片材料	美国HOLLINGSWORTH & VOSE公司(过滤材料产品)	101

2.1.5.2　同族专利分析

一项发明可以在多个国家和地区申请专利保护，获得专利授权的国家的数量定义为一项专利的同族数量。由于国外专利申请和维持的费用远高于国内专利，因此国外专利申请比国内专利申请更能说明专利的价值。同族专利数也常被用来评估专利质量和影响力。

通过同族专利分析，可以识别专利权人的专利保护策略。表2-5列举了汽车轻量化纤维复合材料技术领域专利家族成员数量较高的专利。这些专利主要来自美国杜邦、布莱特利特结构，英国古瑞特，韩国起亚自动车、现代自动车株式会社，德国德纳汽车系统集团等复合材料研发和应用巨头。

表2-5　汽车轻量化纤维复合材料技术领域高同族专利分析

优先权号 优先权日	标题	专利申请人	同族专利成员数/项
US61410108 2010-11-04	重叠注塑的聚酰胺复合材料及制备方法	美国杜邦公司	84
US61410108 2010-11-04	具有改进的热老化和层间黏合强度的复合材料	美国杜邦公司	84
US61410108 2010-11-04	聚酰胺复合材料及制备方法	美国杜邦公司	84
US61792708 2013-03-15	用于一种水下车辆的系统和方法	美国HADAL公司	68
GB1209618 2012-05-30	压制成型方法	英国古瑞特有限公司	51

续表

优先权号 优先权日	标题	专利申请人	同族专利成员数/项
US61623618 2012-04-13	具有键合的复合阻隔层的管状结构	美国TICONA LLC公司	36
US00620076 2014-06-04	多组分聚合物树脂的应用方法和包括该复合层压结构	美国布莱特利特结构公司	36
JP2015180950 2015-09-14	多层贴合的复合材料	琳得科美国股份有限公司	35
DE102006058198A 2006-12-07	塑料结构用电加热模具	德国多特蒙德应用科技大学	32
KR1020120066309 2012-06-20	车辆用吸声织物及其制造方法	韩国起亚自动车、现代自动车株式会社	32
GB201316736A 2013-09-20	玻璃面板的修复	英国柏隆国际有限公司	32
FR87009064 1987-06-26	用于针刺方法和装置一个玻璃纤维垫和从该毡制成复合制品	欧洲圣戈班技术结构公司	30
US06857717 1986-04-30	管状复合元件及其生产工序	德国德纳汽车系统集团有限责任公司	30

2.2 中国专利分析

本节中，对向中国国家知识产权局提出申请的中国专利做进一步分析，共涉及专利家族2955项。

2.2.1 中国专利申请基本状况

2.2.1.1 专利年度分布情况

图2-12显示了汽车轻量化纤维复合材料技术领域中国专利的申请趋势。由图可知，2008年以前，我国汽车轻量化纤维复合材料相关专利较少，年度申请

最多不超过50项，主要来自日本住友株式会社、日本东丽株式会社、拜耳材料科学股份有限公司和日本三菱株式会社等国外机构的零星申请。2008年起，汽车轻量化纤维复合材料中国专利数量迅猛增长，于2017年达到447项。但第一项汽车轻量化纤维复合材料中国专利却来自国内申请人，是由广东省深圳市的个人申请人唐锦生于1985年申请的CN1985101504A，是采用环氧树脂浸渍的玻璃纤维布包裹泡沫内胎制造全承载复合材料的汽车车身，该申请人1986年担任中华汽车制造公司总经理，率先研制成功全复合材料车身的中华牌轿车，1987年应美国通用汽车公司邀请赴美宣讲汽车研究成果，1989年荣获美国纽约第13届世界发明银奖。1991年，来自河北省涿州市玻璃缸车身厂的个人申请人刘长林也申请保护全复合性材料的整体型汽车车身制作工艺（CN1055894A）。

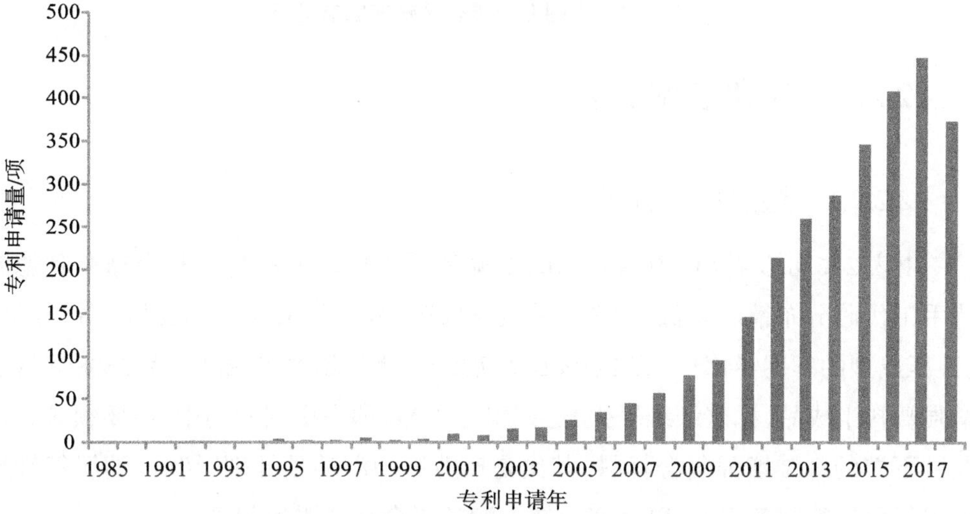

图2-12　汽车轻量化纤维复合材料技术领域中国专利申请趋势

2.2.1.2　专利类型及法律状态分析

汽车轻量化纤维复合材料中国专利主要为发明专利（图2-13），占比89%，其中发明授权有效298项，占比10%；失效专利77项，占比3%；实用新型专利321项，占比11%。在我国，一项发明专利从申请到授权平均需要2～3年；然而目前汽车轻量化纤维复合材料领域中国专利的授权率比较低，大多数专利处于公开或实质审查状态。这说明国家知识产权局对汽车轻量化纤维复合材料专利的审查十分重视和谨慎。

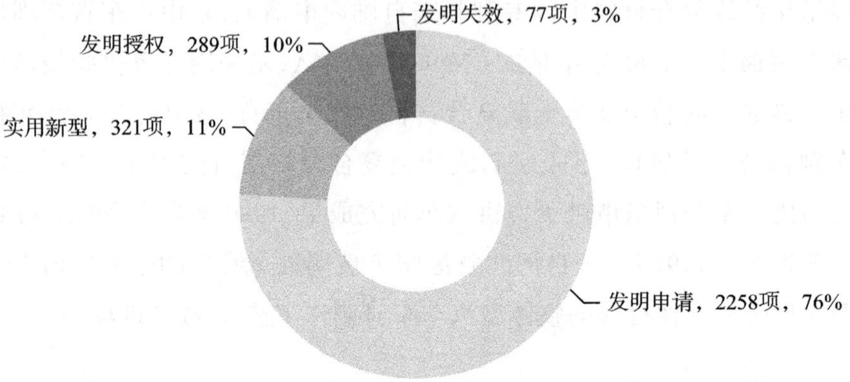

图2-13　中国专利类型及法律状态分析

2.2.2　专利技术分析

2.2.2.1　热点技术分析

由表2-6可以看出，中国专利的德温特手工代码分布情况与全球专利德温特手工代码分布情况相似，主要集中在A12S08D（塑料增强用半成品）、A12T04D（模压成型的车用零部件）、A12S08B（玻璃纤维增强塑料半成品）、A12S08C（特定增强塑料半成品，如碳纤维增强）这四组分类号，即在中国专利中，主要领域为产业链下游的纤维增强复合材料，其次是产业链中游的预处理、切分、铺层等纤维增强复合材料制备工艺，以及产业链上游的复合材料添加剂等。

表2-6　汽车轻量化纤维复合材料技术中国专利德温特手工代码分类分析

德温特手工代码	专利数量/项	德温特手工代码分类释义
A12S08D	1655	塑料增强用半成品
A12T04D	1099	其他模压成型的车用零部件
A12S08B	1088	玻璃纤维增强塑料半成品
A12S08C	1003	特定增强塑料半成品，如碳纤维增强

续表

德温特手工代码	专利数量/项	德温特手工代码分类释义
A11B09A	857	特定制品用增强塑料的铺层工艺
A11A03	628	预处理，如混合、合成、均质化、调配
A08R01	550	填充料及增强剂
A08R03A	506	碳纤维填充料及增强剂
A08A06	482	抗氧化剂
A11A04	387	聚合物生产切分形式，如造粒、磨粉和压片等

通过Derwent Innovation的ThemeScape专利聚类图（见图2-14）分析汽车轻量化纤维复合材料领域中国专利的研究热点。与全球专利研发热点同样集中在两大方向：（1）纤维增强复合材料的结构、成分，主要包括聚对苯二甲酸丁二醇酯树脂等树脂体系、重碳酸钙等填充剂、添加剂、梁结构及复合工艺等方面，这与全球专利研发热点分布有所不同，未足够重视纤维基材本身的原料与结构，而这二者是影响复合材料性能的关键因素，这值得国内企业高度重视，应适当调整研发和专利布局策略，可以结合国际上的研发先例，规避研发失败的风险。（2）纤维复合材料的应用。汽车轻量化纤维复合材料在充气轮胎、板簧、刹车片、车门板、车顶、燃料罐、蓄电池、轮辋、吸声等方面的应用是研究热点，与全球专利研发热点较为接近，但在发动机、座椅等方面的专利较少。

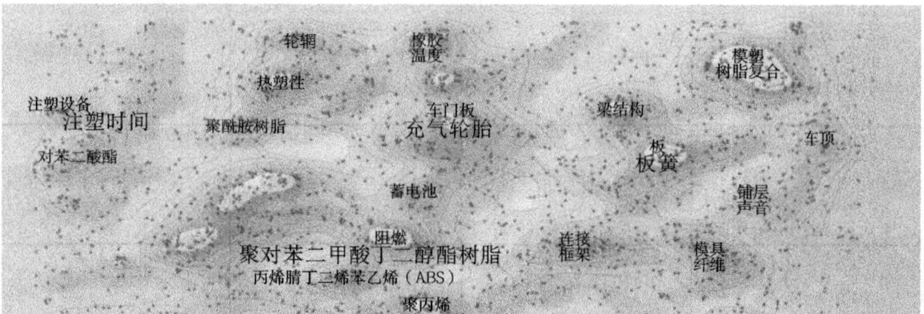

图2-14　中国专利ThemeScape聚类分析

2.2.2.2 纤维类型分析

中国专利中，碳纤维和玻璃纤维复合材料的专利最多，分别达1685项和1542项，然后是芳纶纤维复合材料，专利342项，玄武岩纤维复合材料最少，为183项（见图2-15）。

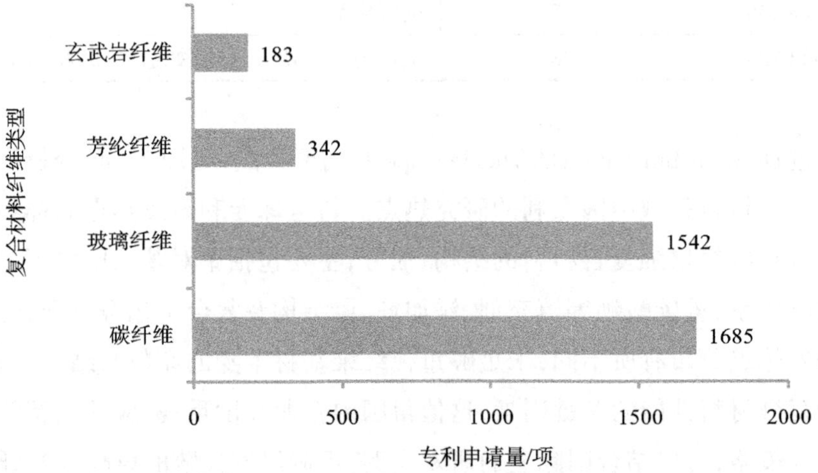

图2-15 汽车轻量化纤维复合材料类型分析

2.2.3 专利区域分析

2.2.3.1 中国专利来源区域分布

通过对专利的优先权国家/地区分析，可以获得某技术领域专利的技术来源区域分布。由图2-16可以看出，在2955项中国专利中，有2478项来自国内的申请人，占比82%；而来自国外机构的专利有477项，占比18%，其中来自美国和欧洲的专利各占5%。这表明国外企业和科研单位在我国的专利布局还未十分深入，国内发展汽车轻量化纤维复合材料产业受到来自国外的专利壁垒还不太高。在国内省、市、自治区排名中，江苏和安徽的汽车轻量化纤维复合材料专利最多，分别为501项和347项，占比18%和13%，处于第一梯队；随后是山东（200项）、浙江（197项）、上海（178项）和广东（176项）；其他省、市、自治区的相关专利则较少，均不超过100项。

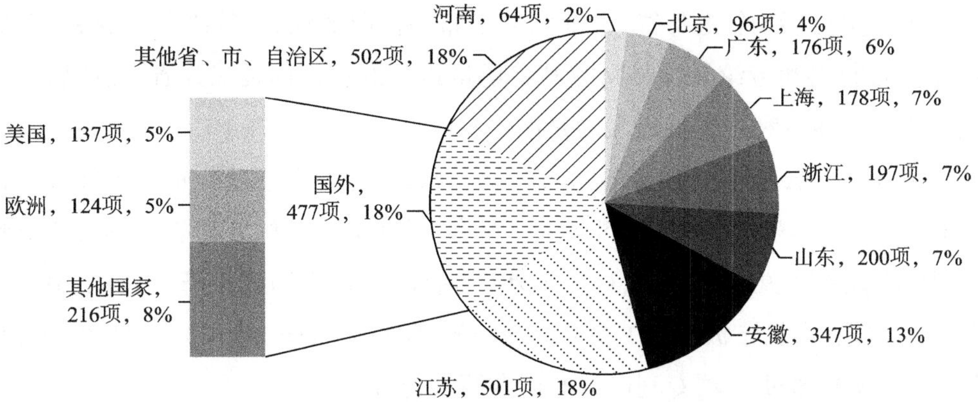

图2-16　汽车轻量化纤维复合材料中国专利来源区域分布

2.2.3.2　主要来源地区专利技术布局分析

由图2-17可知，在汽车轻量化复合材料领域，国外在华专利最侧重汽车轻量化碳纤维复合材料的布局，其次是玻璃纤维复合材料，芳纶复合材料、玄武岩纤维复合材料的专利则很少；而国内企业和科研机构的汽车轻量化纤维复合材料技术在碳纤维复合材料和玻璃纤维复合材料两个方面平分秋色，芳纶复合材料和玄武岩纤维复合材料较少，这与国外在华专利的技术布局不同。

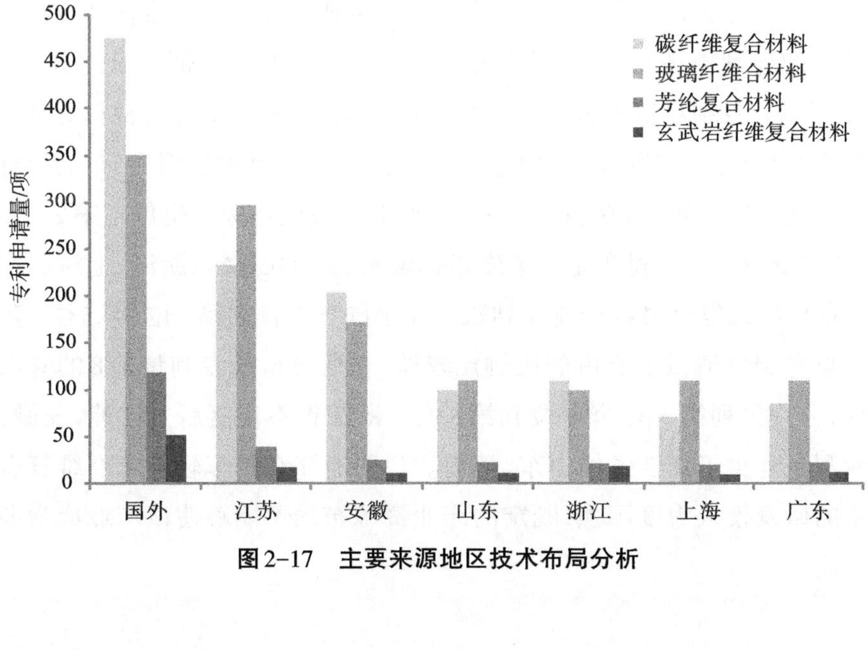

图2-17　主要来源地区技术布局分析

进一步分析6个主要省、市专利技术布局情况发现，碳纤维复合材料、玻璃纤维复合材料和芳纶复合材料专利申请量最大的省份都是江苏省，玄武岩纤维复合材料领域专利申请量最大的是浙江省。

浙江省在各省市中排名第四，在四个领域的专利申请量分别为碳纤维复合材料109项、玻璃纤维复合材料99项、芳纶复合材料21项、玄武岩纤维复合材料18项，从省内来源地区看，除舟山市外，其余10个地市均有布局，主要集中在东部和北部地区，且宁波市以117项遥遥领先，随后是杭州（56项）、嘉兴（20项）和温州（20项），超过10项专利申请的还有绍兴、台州。

2.2.3.3 主要省市专利聚集度分析

对于一个地区来说，现有的研发资源需要被合理分布在不同的产业中，通过引用产业专利聚集度指标，分析各个地区汽车轻量化纤维复合材料的专利拥有比例状况，可说明该地区在该产业中的发展潜力。若产业专利聚集度高，表明该地区在汽车轻量化纤维复合材料领域的科技创新能力和经济发展潜力强，并有希望形成优势产业；相反，产业专利聚集度低，则表明该地区在该领域发展优势较弱。

以汽车轻量化纤维复合材料专利较多的国内主要省市为对象，提取出各省市在汽车轻量化纤维复合材料领域中的专利申请量，另外，分别检索各地区全时段的各领域专利申请总量。产业聚集度等于某地区在汽车轻量化纤维复合材料产业领域的专利申请量与该地区在各产业领域的专利申请总量之比，结果如图2-18所示。专利数量排名第1的江苏在汽车轻量化纤维复合材料专利产业聚集度指标上并不高，在所分析的8个省市中排名第3，且和后面省、市的指标差距不大。专利总量排名第2的安徽，在专利产业聚集度指标上也位列第2。专利总量排名第3的山东，专利产业聚集度指标最高，达0.050%。浙江、上海和广东的汽车轻量化纤维复合材料产业专利数量在全国分别排名第4位、第5位、第6位，但是在总专利申请量中所占的比例比较低，在所分析的专利量前8的省市中排名靠后，分别位列第5位、第7位和第8位。浙江省不仅落后于江苏、安徽，而且低于专利量远少于浙江省的山东、河南。说明浙江在汽车轻量化纤维复合材料产业中的研发投入力度不强，既定的产业资源布局不能够使该产业成为浙江的优势产业。

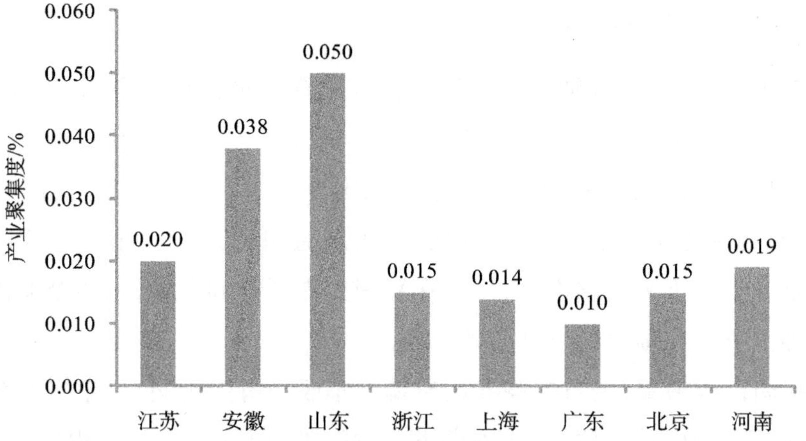

图2-18　主要省市汽车轻量化纤维复合材料产业专利聚集度

2.2.4　专利申请人分析

2.2.4.1　申请人类型分析

从专利申请人类型分析(见图2-19),来自企业申请的汽车轻量化纤维复合材料专利数量最多,有2523项,占比84%;其次是个人申请226项、大专院校177项,分别占比8%、6%;科研单位58项,占比2%。这说明我国企业在汽车轻量化纤维复合材料技术领域的研发实力较强;也提示我国高校院所在该技术领域的科研投入有待提高。

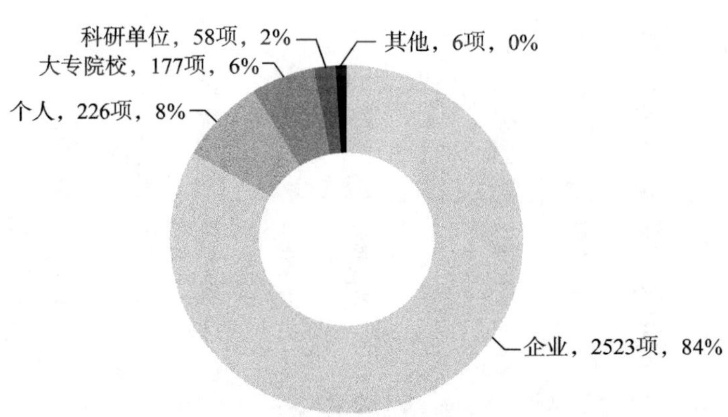

图2-19　中国专利申请人类型分析

2.2.4.2 主要专利申请人

图2-20和图2-21分别展示了汽车轻量化纤维复合材料中国专利的TOP 10国外专利申请人和TOP 10国内申请人。可知，中国专利中专利数量较多的申请人由来自国外和国内的机构平分秋色。在国外申请人中，韩国现代汽车（54项）位列首位、遥遥领先，日本东丽（28项）和美国通用（25项）位于第二梯次。这说明国外企业十分重视中国市场，早已在我国开展了专利布局，国内企业需重点关注上述外国公司在国内的专利申请动向。

从国内机构来看，来自安徽省的奇瑞汽车股份有限公司、广东省的金发科技股份有限公司位居前两位，上海杰事杰新材料股份有限公司、无锡吉兴汽车声学部件科技有限公司、上海普利特复合材料有限公司为第二梯次。其他机构还有来自安徽省的芜湖天鸿汽车零部件有限公司、上海市的上海日之升新技术发展有限公司、山东省的青岛欣展塑胶有限公司、江苏省的扬中市天正合成材料研究中心以及浙江省的浙江华江科技股份有限公司等。从国内TOP 10机构的地区分布上看，主要集中在长三角地区，也包括广东省、山东省等地，反映了这些地区在车用轻量化纤维复合材料领域具有较强的研发能力。中国专利TOP 50申请人中，浙江省仅有位于杭州的浙江华江科技1家。

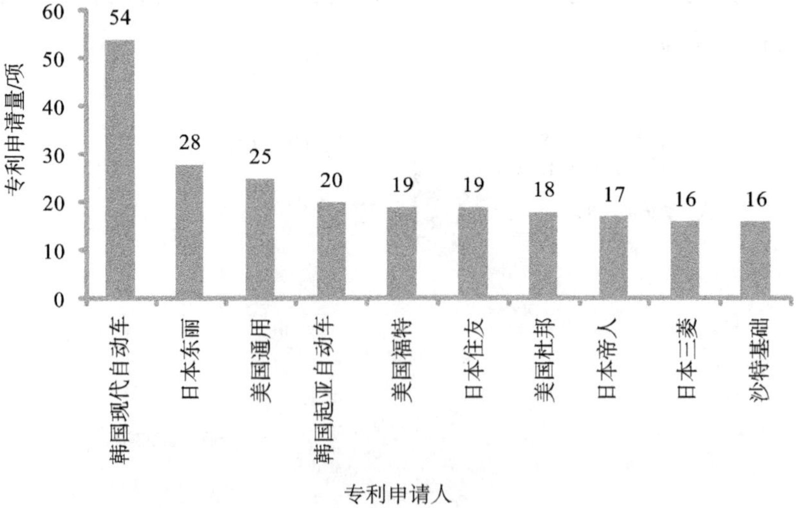

图2-20 中国专利TOP 10国外专利申请人

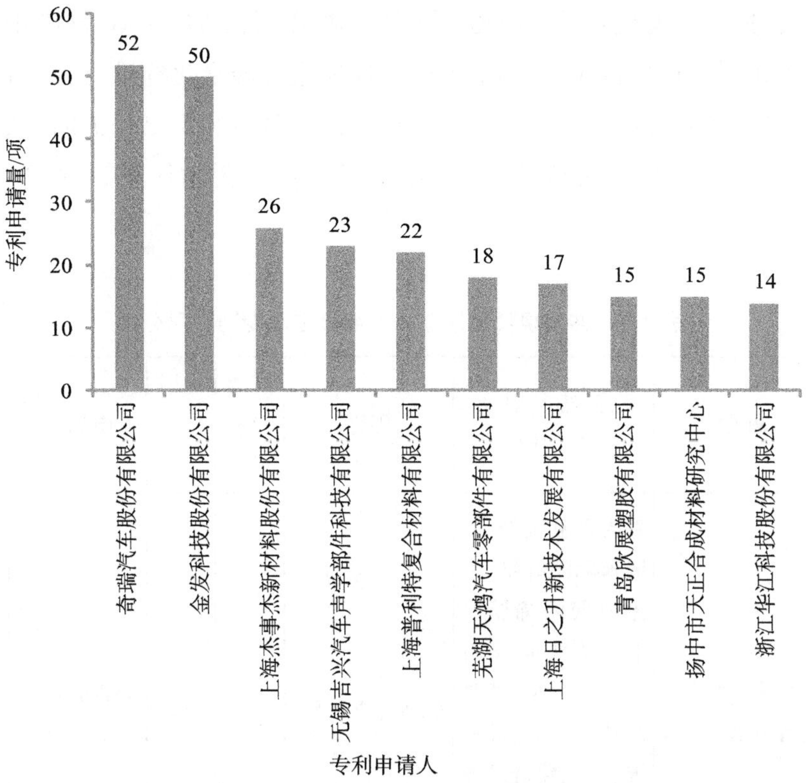

图2-21　中国专利TOP 10国内专利申请人

2.2.4.3　国外企业在华专利布局分析

本小节对国外主要企业在中国汽车轻量化纤维复合材料的专利申请做进一步研究，分析了专利要求保护的主题、申请日和法律状态等，并对各个专利纤维与树脂类型及结构、复合材料用途进行逐个标引。国内企业可关注这些重点专利，防止侵权风险，并适时采取有效的专利布局应对战略。

2.2.4.3.1　韩国现代自动车株式会社在华专利布局

韩国现代自动车株式会社是韩国最大的汽车企业，成立于1967年，是世界20家最大的汽车公司之一。2000年9月，现代汽车、起亚汽车、现代精工、仁川制铁、现代汽车金融等10家公司组成现代汽车集团，集团自2002年进入中国市场，至今已拥有65家法人企业和28个代表处，在华投资总额达158亿美元。2004年，韩国现代自动车株式会社、起亚自动车株式会社、现代摩比斯株式会社三方共同出资成立了现代汽车(中国)投资有限公司[HYUNDAI MOTOR GROUP (CHINA)LTD]。现代汽车在国内申请了54项汽车轻量化纤维复合材料相关专利,最早的一项申请于2003年(见表2-7)。把这些专利要求保护的主题进行分类标引(见图2-22),主要涉及4大主题:汽车应用、树脂体系、纤维织物、复合材料结构。

表2-7 韩国现代自动车株式会社在华专利布局分析

序号	标题	纤维类型及结构	用途	同族专利/个	被引次数/次	申请号	申请日期
1	吸声材料及其制备方法	芳族聚酰胺纤维、聚苯硫醚纤维、氧化的聚丙烯腈纤维、聚酰亚胺纤维、碳纤维、玻璃纤维、玄武岩纤维、二氧化硅纤维和陶瓷纤维等的一种或多种,环氧树脂	车辆吸声材料	32	14	CN201380032635.3	2013年6月19日
2	吸声/隔音材料及其生产方法	芳族聚酰胺纤维、聚苯硫醚纤维、氧化的聚丙烯腈纤维、聚酰亚胺纤维、碳纤维、玻璃纤维、玄武岩纤维、二氧化硅纤维和陶瓷纤维等的一种或多种,聚酰亚胺树脂	车辆吸声/隔音材料	19	5	CN201480070015.3	2014年2月27日

续表

序号	标题	纤维类型及结构	用途	同族专利/个	被引次数/次	申请号	申请日期
3	具有改善的耐热性和模制性的吸声/隔音材料及其生产方法	芳纶纤维、聚苯硫醚纤维、氧化聚丙烯腈纤维、碳纤维、玻璃纤维、玄武岩纤维、二氧化硅纤维和陶瓷纤维，环氧树脂	车辆吸声/隔音材料，如墙壁材料和地板材料	16	10	CN201480070051.X	2014年3月25日
4	使用塑料复合材料的车用电池组壳组件及其制造方法	玻璃纤维、碳纤维、芳纶纤维、火山灰纤维、天然纤维及其组合，塑料基质选自聚丙烯、聚酰胺、聚醚醚酮、聚碳酸酯、聚亚苯基砜、聚苯醚、热塑性聚氨酯及其组合	车用电池组壳组件	11	45	CN201210340090.X	2012年9月13日
5	使用塑料复合材料的车用电池组壳组件及其制造方法	玻璃纤维、碳纤维、芳纶纤维、火山灰纤维、天然纤维及其组合，塑料基质选自聚丙烯、聚酰胺、聚醚醚酮、聚碳酸酯、聚亚苯基砜、聚苯醚、热塑性聚氨酯及其组合	车用电池组壳组件	11	45	CN201210340090.X	2012年9月13日

续表

序号	标题	纤维类型及结构	用途	同族专利/个	被引次数/次	申请号	申请日期
6	多种玻璃纤维结合的高强度塑性后梁	玻璃纤维	车辆保险杠后梁	9	11	CN201110394754.6	2011年12月2日
7	用于车辆的下底板框架系统	碳纤维复合材料	车辆下底板框架系统	9	9	CN201410647434.0	2014年11月14日
8	用于车辆的上部车身框架	碳纤维复合材料	车辆上部车身框架	9	6	CN201410714494.X	2014年11月28日
9	汽车、用于汽车的防撞结构件及防撞结构件的制造方法	玻璃纤维层和/或碳纤维层,阴离子聚酰胺6、阴离子聚酰胺12、聚对苯二甲酸丁二酯、热塑性聚氨基甲酸乙酯,或可由活性原位聚合形成的其他热塑性树脂	汽车防撞结构件	6	25	CN201410193272.8	2014年5月8日
10	车辆用塑料复合保险杠杆	玻璃纤维、碳纤维、天然纤维、芳纶纤维和超高分子量聚乙烯纤维,聚丙烯、聚酰胺、聚对苯二甲酸丁二酯、聚对苯二甲酸乙二醇酯、环氧、聚氨酯等树脂	车辆用塑料复合保险杠杆	6	24	CN201110330636.9	2011年10月20日

续表

序号	标题	纤维类型及结构	用途	同族专利/个	被引次数/次	申请号	申请日期
11	使用塑料复合材料的用于电动车的电池组壳体组件	玻璃纤维、碳纤维、火山岩纤维和天然纤维，树脂选自聚丙烯树脂、聚酰胺树脂、聚对苯二甲酸丁二酯树脂和聚对苯二甲酸乙二酯树脂、环氧树脂和聚氨酯树脂	用于电动车的电池组壳体组件	5	138	CN201110065599.3	2011年3月14日
12	车辆用蓄电池盖	玻璃纤维、合成树脂	车辆用蓄电池盖	5	11	CN200310123810.8	2003年12月30日

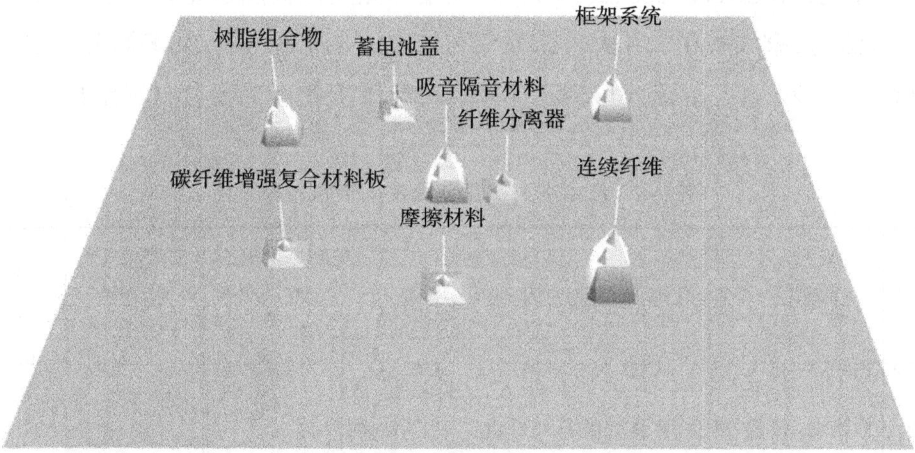

图2-22 韩国现代自动车株式会社在华专利聚类分析

该公司在华专利布局具有以下特点：(1)布局大部分在产业链下游。专利产品可直接应用于汽车零部件，主要为车辆的吸声隔音材料、框架系统，也有摩擦材料、车用电池组壳组件等应用。(2)重视树脂体系的选配。该公司在华专利多涉及采用环氧树脂、聚酰亚胺树脂及其他混合树脂体系。(3)高性能纤维方案较多。涉及芳族聚酰胺纤维、聚苯硫醚纤维、氧化的聚丙烯腈纤维、聚酰亚胺纤维、碳纤维、玻璃纤维、玄武岩纤维、二氧化硅纤维和陶瓷纤维等。(4)在华专利布局基本在2007年以后,且50%以上的申请在2013—2018年。

2.2.4.3.2 日本东丽株式会社在华专利布局

东丽(TORAY)株式会社创建于1926年1月,前身是东洋人造丝公司,早在20世纪60年代东丽就开始研究碳纤维,是目前世界上最大的碳纤维制造商。东丽公司主要生产和销售的产品分三大类:纤维类、化工产品类和新事业产品类,其中碳纤维和复合材料是东丽公司的“新事业产品”中的重要组成部分。东丽公司在名古屋市内设有车用碳纤维复合材料的研发中心,为继续强化以汽车为核心用途导向的碳纤维复合材料事业,公司于2017年出资收购汽车工程公司东京R&D株式会社11.7%股权,2011年又与戴姆勒公司共同建立合资工厂,专门生产碳纤维部件。东丽在我国进行了大量的专利布局,申请了28项汽车轻量化纤维复合材料相关专利,最早的一项申请于1999年,且本领域被引频次最高的中国专利来自东丽(CN200780012719.5,“纤维增强热塑性树脂成型体、成型材料及其制造方法”),家族被引216次。部分专利如表2-8所示,其专利聚类分析如图2-23所示,共涉及3大主题:(1)树脂体系;(2)纤维织物;(3)复合材料结构。

表2-8 日本东丽株式会社在华专利布局分析

序号	标题	纤维类型及结构	用途	同族专利/个	被引次数/次	申请号	申请日期
1	纤维增强热塑性树脂成型品、纤维增强热塑性树脂成型材料及其制造方法	采用聚酰胺纤维、聚酯纤维、聚芳硫醚纤维和含氟树脂纤维将碳纤维内包,环氧树脂	适用于仪表盘、车门防撞梁、下盖板、灯罩、踏板护罩、散热器支架、备胎罩、前端等汽车部件	20	28	CN201710107252.8	2013年12月18日

续表

序号	标题	纤维类型及结构	用途	同族专利/个	被引次数/次	申请号	申请日期
2	夹层层合体、夹层结构体和使用了该夹层结构体的一体化成型品及它们的制造方法	碳纤维，聚烯烃系、聚酰胺系、聚酯系、聚碳酸酯系、聚苯乙烯系、PPS系、聚醚酮系、改性聚苯醚系树脂的组合	汽车内外装饰、电气电子设备外壳	15	23	CN201480019073.3	2014年3月19日
3	纤维增强热塑性树脂成型体、成型材料及其制造方法	单纤维状碳纤维和单纤维状热塑性树脂纤维构成成型材料	汽车的结构部件及壳体等	14	216	CN200780012719.5	2007年2月19日
4	纤维增强塑料及其制造方法	碳纤维、热固性树脂	汽车的结构部件	13	26	CN200780035989.8	2007年4月18日
5	碳纤维增强热塑性树脂组合物、该组合物的粒料和成型品	碳纤维、聚酰胺类树脂、聚碳酸酯类树脂和聚酯类树脂	除机械特性外还需要外观/设计性的汽车零件	13	26	CN201280058558.4	2012年11月19日
6	纤维增强复合材料	PAN系碳纤维，热塑性树脂	汽车	11	18	CN201280010287.5	2012年1月30日
7	短切纤维束、成型材料、纤维增强塑料以及它们的制造方法	碳纤维束，集束剂树脂	要求轻质化的汽车面板等构件	10	69	CN200880018698.2	2008年4月23日
8	可焊树脂组合物，其制备及其模塑制品	玻璃纤维，聚烯烃树脂	汽车进气系统，进水道与出水道的冷却系统，燃油系统和油箱及其他容器	9	47	CN99126080.5	1999年10月25日

续表

序号	标题	纤维类型及结构	用途	同族专利/个	被引次数/次	申请号	申请日期
9	纤维增强热塑性树脂组合物、其制造方法及热塑性树脂用碳纤维	碳纤维或玄武岩纤维,聚酯树脂、聚烯烃树脂、聚酰胺树脂、聚碳酸酯树脂及聚醚亚酰胺树脂中的至少1种	汽车的部件、内部构件及壳体	1	82	CN200680041927.3	2006年9月27日
10	纤维增强丙烯类树脂组合物	碳纤维、丙烯类树脂	汽车各种部件、构件	13	15	CN200980150818.9	2009年12月24日
11	碳纤维增强塑料及其制造方法	碳纤维、热塑性树脂	汽车发动机罩等部件用增强材料	9	17	CN201280025547.6	2012年4月18日

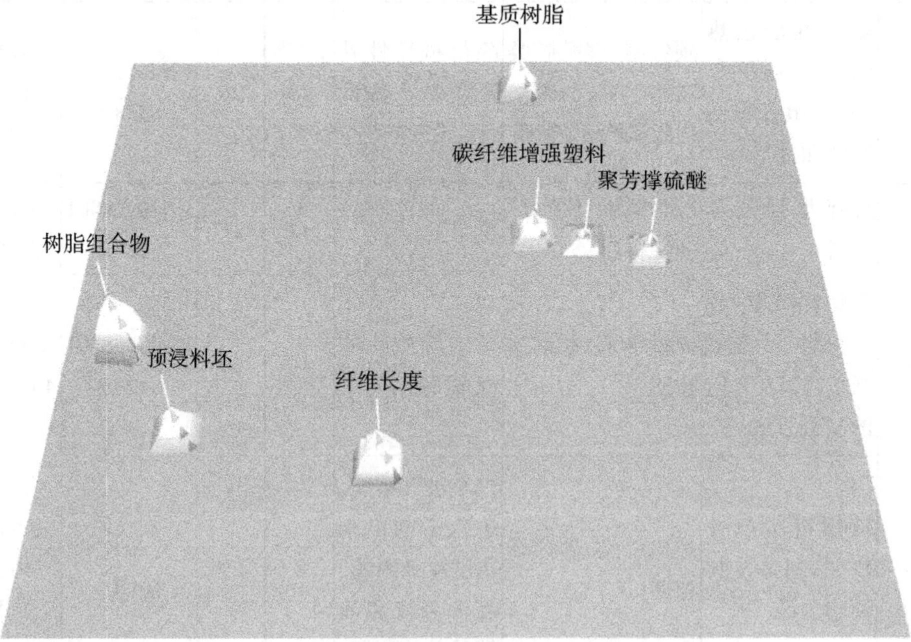

图2-23 百时美施贵宝公司在华专利聚类分析

该公司在华专利布局具有以下特点：(1)树脂组合的方案多。该公司在华专利多涉及采用共混树脂作为基体，如聚烯烃系、聚酰胺系、聚酯系、聚碳酸酯系聚苯乙烯系、PPS系、聚醚酮系、改性聚苯醚系树脂的组合。(2)纤维基材设计方案较多。主要涉及碳纤维，也有玻璃纤维和玄武岩纤维等，并通过纤维长度设计、纤维排列方式设计实现不同性能。(3)布局大部分在产业链中游。专利产品大部分为汽车零部件可用的制备方法及半成品，没有明确具体的应用终端。(4)在华专利20年前就开始布局，且50%的申请在2013—2018年。

2.2.4.3.3　美国通用汽车公司在华专利布局

美国通用汽车公司(General Motors Company，GM)成立于1908年9月16日，自从威廉·杜兰特创建了美国通用汽车公司以来，通用汽车在全球生产和销售包括别克、雪佛兰、凯迪拉克、GMC、五菱、宝骏以及霍顿等一系列品牌车型并提供服务。2014年，通用汽车旗下多个品牌全系列车型畅销于全球120多个国家和地区，包括电动车、微车、重型全尺寸卡车、紧凑型车及敞篷车。通用在国内申请了30项汽车轻量化纤维复合材料相关专利，最早的一项申请于1995年。部分专利如表2-9所示，其专利聚类分析如图2-24所示，共涉及3大主题：(1)汽车应用；(2)树脂体系；(3)纤维增强复合材料结构。

表2-9　美国通用汽车公司在华专利布局分析

序号	标题	纤维类型及结构	用途	同族专利/个	被引次数/次	申请号	申请日期
1	填料增强的聚醚酰亚胺树脂组合物及其模塑制品	玻璃纤维、碳纤维、钛纤维和陶瓷纤维，聚醚酰亚胺树脂	汽车塑料部件	11	64	CN03813281.8	2003年4月11日
2	降低了表面纤维读出的模塑纤维面板及其模塑方法	玻璃纤维，乙烯基酯树脂	汽车装饰面板	7	7	CN200580030781.8	2005年8月9日

续表

序号	标题	纤维类型及结构	用途	同族专利/个	被引次数/次	申请号	申请日期
3	复合离心压缩机叶轮	金属、玻璃、聚合物或碳纤维或它们的组合，环氧树脂、酚醛塑料、聚酰亚胺、聚酰胺、聚丙烯或聚醚醚酮树脂	涡轮增压器的压缩机中使用的复合离心压缩机叶轮	6	31	CN201110375534.9	2011年11月23日
4	离合器摩擦材料及其形成方法	碳纤维织物，酚醛树脂	离合器摩擦材料	6	11	CN200910178532.3	2009年9月27日
5	通过超高强度薄片增强的车辆结构支撑构件	玻璃纤维复合材料	车辆结构支撑构件，如AB柱、铰链柱框架构件或门梁支撑件	5	8	CN201410016494.2	2014年1月14日
6	单片式汽车的增材制造	碳纤维、玻璃纤维、芳族聚酰胺纤维、硼纤维、陶瓷纤维、聚酯纤维、超高分子量聚乙烯纤维及其组合	壳体结构	5	8	CN201610974840.7	2016年11月4日
7	玻璃纤维增强聚碳酸酯树脂	玻璃纤维增强聚碳酸酯树脂	内部和外部汽车设备	4	12	CN95108471.2	1995年7月25日
8	单片式纤维增强材料及其制备方法和纤维增强复合制品	碳纤维、玻璃纤维和芳族聚酰胺纤维的定向纤维层	车辆冲压金属片部件	4	11	CN201210432489.0	2012年11月2日

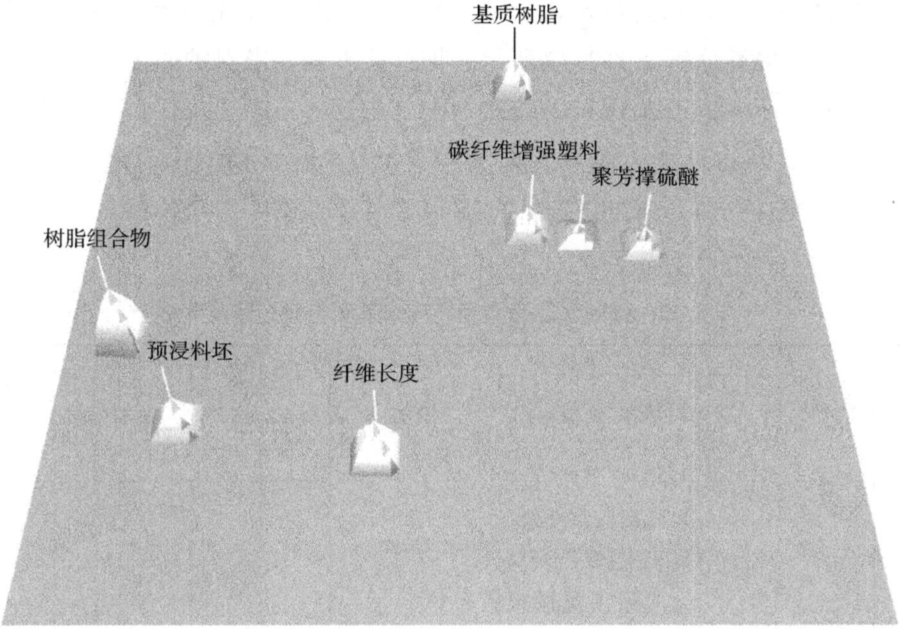

图2-24　默沙东公司在华专利聚类分析

该公司在华专利布局具有以下特点:(1)布局大部分在产业链下游。专利产品可直接应用于汽车零部件,主要为车辆的离合器摩擦材料、离心压缩机叶轮、储氢罐、车门外板、车辆结构支撑构件等。(2)树脂选配方案多。该公司在华专利多涉及聚醚酰亚胺树脂、乙烯基酯树脂、酚醛树脂、聚碳酸酯树脂以及环氧树脂混合树脂。(3)纤维基材设计方案较多。主要涉及碳纤维和玻璃纤维,也涉及芳族聚酰胺纤维等,以填料、机织或编织织物、定向纤维层等多种形式实现不同的增强性能。(4)88%在华专利布局在2008—2018年,且发展均衡。

2.2.4.3.4　韩国起亚自动车株式会社在华专利布局

起亚自动车,成立于1944年,前身名为京城精密工业(Kyungsung Precision Industry),自1962年小型厢式三轮货车K360的面世开始,起亚走上了汽车制造的道路。1973年起亚生产了韩国第一台汽油发动机和第一部采用汽油发动机的乘用轿车Brisa。2000年起亚汽车集团与现代集团合并成立现代·起亚汽车集团,成为世界第五大汽车生产集团。起亚在我国共申请了20项汽车轻量化纤维复合材料相关专利，均为与现代自动车株式会社合作申请。部分专利如表3-5所示，其专利聚类分析如图3-17所示。把这些专利要求保护的主题进行分类标引，最早的一项申请于2011年（见表2-10）。把这些专利要求保护的主题进行分类标引（见图2-25），主要涉及发现共涉及4大主题：（1）汽车应用；（2）树脂体系；（3）纤维织物；（4）复合材料结构。

表2-10　韩国起亚自动车株式会社在华专利布局分析

序号	标题	纤维类型及结构	用途	同族专利/个	被引次数/次	申请号	申请日期
1	吸声材料及其制备方法	芳族聚酰胺纤维、聚苯硫醚纤维、氧化的聚丙烯腈纤维、聚酰亚胺纤维、碳纤维、玻璃纤维、玄武岩纤维、二氧化硅纤维和陶瓷纤维等	车辆吸声材料	32	14	CN201380032635.3	2013年6月19日
2	多种玻璃纤维结合的高强度塑性后梁	玻璃纤维	车辆保险杠后梁	9	11	CN201110394754.6	2011年12月2日
3	车辆悬架用塑料复合弹簧及其制造装置和方法	热固性树脂浸渍三维织物	车辆悬架用弹簧	7	5	CN201210044973.6	2012年2月24日
4	用于制造隔音板部件的方法及由其制造的隔音板部件	洋麻纤维、玻璃纤维，低熔点聚酯基纤维，聚丙烯，聚氨酯泡沫制品	隔音板部件	7	2	CN201510219832.7	2015年4月30日

续表

序号	标题	纤维类型及结构	用途	同族专利/个	被引次数/次	申请号	申请日期
5	具有改进的机械性能的聚丙烯树脂组合物	玻璃纤维/聚丙烯树脂组合物	汽车内部部件	7	0	CN201310757097.6	2013年12月30日
6	由连续纤维热塑复合物制成的汽车车顶行李架	无机玻璃纤维，尼龙6	汽车车顶行李架	7	0	CN201510850187.9	2015年11月27日
7	汽车、用于汽车的防撞结构件及防撞结构件的制造方法	玻璃纤维层和/或碳纤维层，阴离子聚酰胺6、阴离子聚酰胺12、聚对苯二甲酸丁二酯、热塑性聚氨基甲酸乙酯，或可由活性原位聚合形成的其他热塑性树脂	汽车防撞结构件	6	25	CN201410193272.8	2014年5月8日
8	使用塑料复合材料的用于电动车的电池组壳体组件	玻璃纤维、碳纤维、火山岩纤维和天然纤维，树脂选自聚丙烯、聚酰胺、聚对苯二甲酸丁二酯和聚对苯二甲酸乙二酯、环氧和聚氨酯等	用于电动车的电池组壳体组件	5	138	CN201110065599.3	2011年3月14日

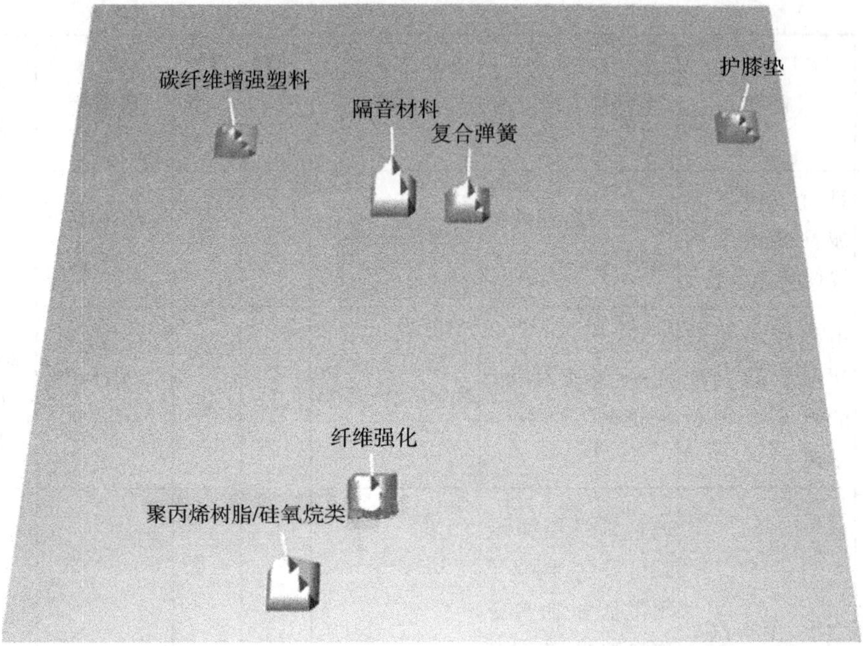

图2-25 韩国起亚自动车株式会社在华专利聚类分析

该公司在华专利布局具有以下特点:(1)布局大部分在产业链下游。专利产品可直接应用于汽车零部件,主要为车辆的隔音材料、复合弹簧、护膝垫、车用电池组壳组件等应用。(2)重视树脂体系的选配。该公司在华专利多涉及采用环氧树脂、聚丙烯树脂、聚酰亚胺树脂及其他混合树脂体系。(3)高性能纤维方案较多。涉及芳族聚酰胺纤维、聚苯硫醚纤维、氧化的聚丙烯腈纤维、聚酰亚胺纤维、碳纤维、玻璃纤维、玄武岩纤维、二氧化硅纤维和陶瓷纤维等。(4)在华专利全部布局在2008—2018年,且发展均衡。

2.2.4.3.5 美国福特公司在华专利布局

美国福特公司在我国申请了19项汽车轻量化纤维复合材料相关专利,部分专利如表2-11所示。把这些专利要求保护的主题进行分类标引,发现共涉及3大主题:(1)汽车应用;(2)纤维织物;(3)复合材料结构。

表2-11　美国福特公司在华专利布局分析

序号	标题	纤维类型及结构	用途	同族专利/个	被引次数/次	申请号	申请日期
1	混合复合材料仪表板	短切碳纤维和玻璃纤维，尼龙树脂	车辆仪表板	12	0	CN201510225314.6	2015年5月5日
2	用于控制台总成的集成滑动扶手和铰链总成子系统	聚酰胺66中填充短玻璃纤维	集成滑动扶手和铰链总成子系统	9	3	CN201610007074.7	2016年1月5日
3	制造混杂复合材料仪表板的方法	碳纤维、玻璃纤维，尼龙树脂	车辆仪表板	7	0	CN201510223855.5	2015年5月5日
4	用于车辆部件的纤维复合材料支撑	短切碳纤维和玻璃纤维，尼龙树脂	车辆仪表板	6	0	CN201510228019.6	2015年5月6日
5	将零件固定至复合材料件的方法	树脂中填充碳纤维、玻璃纤维、云母以及天然纤维	应用于零件与复合材料件的接合	5	17	CN201310131904.3	2013年4月16日
6	具有一体式加热器管道的车辆的加强柱	碳纤维复合物	车辆加强柱	5	1	CN201711120367.7	2017年11月14日
7	冲击吸收组件	碳纤维增强聚合物	车辆的冲击吸收组件	5	0	CN201620548027.9	2016年6月7日

该公司在华专利布局具有以下特点：(1)布局大部分在产业链下游。专利产品可直接应用于汽车零部件，主要为车辆的仪表板、加强柱和冲击吸收部件等应用。(2)短切纤维基材与树脂复合的专利多。涉及采用短切碳纤维、玻璃纤维作为填充料与聚酰胺树脂复合。(3)在华专利全部布局在2008—2018年，且近85%的申请在2013—2018年。

2.2.4.3.6 日本住友株式会社在华专利布局

日本住友株式会社宏观基因有限公司在我国申请了19项汽车轻量化纤维复合材料相关专利，部分专利如表2-12所示。把这些专利要求保护的主题进行分类标引，发现共涉及两大主题：(1)汽车轮胎应用；(2)树脂组合物。

表2-12 日本住友株式会社在华专利布局分析

序号	标题	纤维类型及结构	用途	同族专利/个	被引次数/次	申请号	申请日期
1	成型材料	酚醛树脂、碳纤维以及选自聚乙烯醇缩丁醛、醋酸乙烯和丙烯腈丁二烯橡胶的弹性体	汽车机构部件	11	0	CN201280046936.7	2012年9月6日
2	充气轮胎	有机纤维帘线，橡胶	充气轮胎	10	57	CN200880114488.3	2008年8月5日
3	橡胶组合物及使用该橡胶组合物的充气轮胎	短纤维：玻璃纤维、芳族聚酰胺纤维等，橡胶	充气轮胎	10	43	CN03133196.3	2003年7月25日
4	增强橡胶制品，其生产方法以及适用的橡胶组合物	聚酯、聚酰胺和芳基酰胺纤维，橡胶	汽车轮胎、传送带、软管等	10	36	CN94101189.5	1994年2月3日
5	聚烯烃树脂组合物	玻璃纤维、碳纤维等，聚烯烃树脂组合物	汽车元件，内部元件如基柱、仪表板、门内面板和备用轮胎罩控制台等；外部元件如减震器、防撞板、	8	19	CN200510104133.4	2005年9月19日

续表

序号	标题	纤维类型及结构	用途	同族专利/个	被引次数/次	申请号	申请日期
5	聚烯烃树脂组合物	玻璃纤维、碳纤维等，聚烯烃树脂组合物	门外面板；其他组件如吸气管，冷却剂贮槽、防撞板衬层等；以及整体元件如前端板	8	19	CN200510104133.4	2005年9月19日

该公司在华专利布局具有以下特点：(1)树脂组合物的方案多。该公司在华专利多涉及采用碳纤维、玻璃纤维与聚烯烃树脂、ABS树脂等树脂体系制备的组合物。(2)保护的应用领域主要是汽车轮胎。(3)在华专利布局早，近20年发展均衡。

2.2.4.4　国内机构专利布局分析

本小节对国内主要企业和研发机构在本国汽车轻量化纤维复合材料的专利申请做进一步研究，并与国外企业在华专利布局情况作对比分析。国内相关研发机构可关注这些重点专利，防止侵权风险，并适时采取有效的专利布局应对战略。

2.2.4.4.1　奇瑞汽车股份有限公司中国专利布局

奇瑞汽车股份有限公司成立于1997年1月8日，注册地位于安徽省芜湖市，对外投资32家公司，具有4处分支机构，打造了艾瑞泽、瑞虎、QQ、风云和高端品牌星途等产品系列，旗下合资企业拥有捷豹、路虎、凯翼、观致等品牌，在我国的芜湖、大连、鄂尔多斯、常熟等地以及在巴西、伊朗、俄罗斯等国共建有14个生产基地。1999年，奇瑞汽车股份有限公司开始发展新能源汽车，现已成为第8家拥有国家发改委和工信部“双生产资质”的新能源汽车企业。奇瑞在国内申请了52项汽车轻量化纤维复合材料相关专利，最早的一项申请于2008年（见表2-13）。把这些专利要求保护的主题进行分类标引（见图2-26），主要涉及“汽车应用”“纤维增强体”两大主题。

表2-13　奇瑞汽车股份有限公司专利布局分析

序号	标题	纤维类型及结构	用途	同族专利/个	被引次数/次	申请号	申请日期
1	碳纤维复合材料汽车水箱上横梁总成及其制作方法	以多层东丽T300碳纤维织物与环氧树脂体系复合	汽车水箱上横梁总成	2	10	CN201310459831.0	2013年9月27日
2	一种汽车防撞结构件及其制备方法	碳纤维平纹、斜纹、缎纹、单向、多轴向经编织物铺层叠置，与树脂材料热压复合	汽车防撞结构件	2	9	CN201410577269.6	2014年10月24日
3	一种聚丙烯复合材料汽车水箱横梁及制备方法	聚丙烯与碳纤维、玻璃纤维、芳纶纤维和玄武岩纤维，注塑成型	汽车水箱横梁	2	7	CN201310521503.9	2013年10月29日
4	一种汽车引擎盖及其制备方法	6K丝束碳纤维斜/平纹织物的预浸料夹芯泡沫层	汽车引擎盖	2	7	CN201410446131.2	2014年9月3日
5	一种碳纤维复合材料汽车零部件的制备方法	碳纤维预浸聚丙烯、聚酰胺、聚苯硫醚、聚醚类树脂，注塑成型	汽车零部件	2	7	CN201510491423.2	2015年8月11日
6	碳纤维复合材料汽车水箱上横梁及其制作方法	以多层东丽T300碳纤维织物与环氧树脂体系复合	汽车水箱上横梁	2	5	CN201310454329.0	2013年9月27日
7	一种水箱横梁及汽车	Z-PIN增强碳纤维织物或碳纤维/玻璃纤维混纺织物为面板的夹芯复合材料，浸树脂后固化成型	汽车水箱横梁	2	3	CN201310408309.X	2013年9月9日

续表

序号	标题	纤维类型及结构	用途	同族专利/个	被引次数/次	申请号	申请日期
8	一种汽车后视镜及其制作方法	碳纤维复合材料板与超薄光学玻璃镜片结合	汽车后视镜	2	3	CN201510244605.X	2015年5月14日
9	碳纤维复合材料汽车水箱上横梁加强板及其制造方法	碳纤维复合材料	汽车水箱上横梁加强板	2	2	CN201310472929.X	2013年10月12日
10	一种复合式汽车吸能盒	圆锥形碳纤维复合材料	汽车吸能盒	2	2	CN201510521773.9	2015年8月24日
11	机动车踏板制造方法及机动车踏板	碳纤维复合材料	机动车踏板	2	1	CN201510187920.3	2015年4月20日
12	汽车顶盖总成	玻璃纤维复合材料	汽车顶盖总成	2	1	CN201610606900.X	2016年7月29日

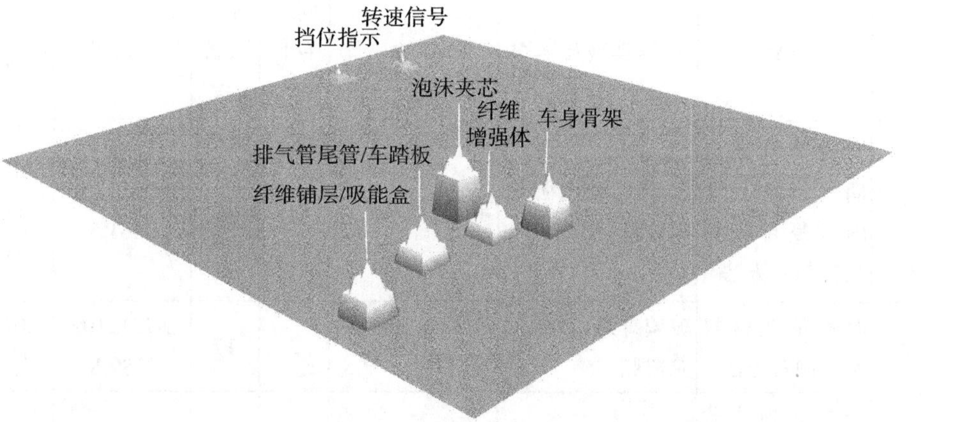

图2-26　奇瑞汽车股份有限公司在国内专利聚类分析

该公司的专利布局具有以下特点：(1)布局几乎都在产业链下游。专利产品可直接用作汽车零部件，主要为车辆的水箱横梁、排气管尾管、吸能盒、踏板等应用。(2)重视复合结构设计。纤维增强体方面采用Z-PIN增强碳纤维织物或碳纤维/玻璃纤维混纺织物，复合结构方面采用泡沫夹芯结构较多。(3)在国内专利布局基本在2008—2018年。(4)专利质量较好。同族专利布局弱，家族被引次数超过10次的专利有3项，超过5次的有14项。

2.2.4.4.2 金发科技股份有限公司中国专利布局

金发科技股份有限公司创立于1993年，总部位于广州科学城，旗下拥有45家子公司，在南亚、北美、欧洲等海外地区设有研发和生产基地。主要产品包括改性塑料、完全生物降解塑料、高性能碳纤维及复合材料、特种工程塑料、轻烃及氢能源、环保高性能再生塑料六大类，设有金发车用材料事业本部，已经形成薄壁保险杠、薄壁仪表板、薄壁门板、免喷涂外饰、前端框架等的完备开发能力。金发科技在国内进行了较多的汽车轻量化纤维复合材料专利布局，共有50项相关专利(见表2-14)，最早的一项申请于2009年。把这些专利要求保护的主题进行分类标引(见图2-27)，发现共涉及3大主题：(1)纤维基材；(2)树脂体系；(3)汽车应用。

表2-14 金发科技股份有限公司中国专利布局分析

序号	标题	纤维类型及结构	用途	同族专利/个	被引次数/次	申请号	申请日期
1	一种低气味玻璃纤维增强聚丙烯复合材料及其制备方法	玻璃纤维增强聚丙烯复合材料	车用内饰件	2	21	CN201010543461.5	2010年11月11日
2	改性尼龙材料及其制备方法	玻璃纤维、改性尼龙树脂	汽车发动机的零部件	2	17	CN201210259289.X	2012年7月25日
3	一种高耐疲劳的玻璃纤维增强尼龙材料及其制备方法	玻璃纤维增强尼龙材料	汽车发动机周边	2	11	CN201110033661.0	2011年1月31日

续表

序号	标题	纤维类型及结构	用途	同族专利/个	被引次数/次	申请号	申请日期
4	一种浅缩痕低翘曲的玻璃纤维增强聚丙烯材料及其制法与应用	短切玻璃纤维与矿物填充物复合增强聚丙烯	汽车工业	2	9	CN201210281373.1	2012年8月8日
5	具有芯层结构的连续长玻璃纤维增强聚丙烯/尼龙复合材料及其制备工艺	连续长玻璃纤维增强聚丙烯/尼龙复合材料	汽车零部件	2	9	CN201210574838.2	2012年12月26日
6	一种高耐热低翘曲尼龙66复合材料及其制备方法	短切玻璃纤维填充尼龙66复合材料	汽车发动机周边零件和电子电器	2	9	CN201210576058.1	2012年12月26日
7	一种无卤阻燃长玻璃纤维增强聚丙烯材料及其制备方法	无卤阻燃长玻璃纤维增强聚丙烯	汽车零部件产品，如发动机底护板、前端模块、仪表板骨架等	1	18	CN201110425445.0	2011年12月19日
8	一种耐水解醇解尼龙66复合材料及其制备方法	短切玻璃纤维填充尼龙树脂	汽车散热器冷却水箱，节温器等零件	1	17	CN201110395830.5	2011年12月4日
9	一种汽车硬塑仪表板用聚丙烯复合材料及其制备方法	短切扁平玻璃纤维填充聚丙烯	汽车硬塑仪表板	1	16	CN201310713659.7	2013年12月20日

续表

序号	标题	纤维类型及结构	用途	同族专利/个	被引次数/次	申请号	申请日期
10	一种高刚韧性良外观防翘曲玻璃纤维增强聚碳酸酯组合物	玻璃纤维增强聚碳酸酯组合物	汽车支架结构件	1	12	CN200910038068.8	2009年3月20日
11	一种玻璃纤维增强苯乙烯/马来酸酐复合材料及其制备方法	短切玻璃纤维增强苯乙烯/马来酸酐复合材料	汽车空调材料	1	12	CN201210460589.4	2012年11月15日
12	汽车散热器格栅用玻璃纤维增强聚丙烯复合材料及其制备工艺	短切玻璃纤维增强聚丙烯复合材料	汽车散热器格栅	1	11	CN201210574740.7	2012年12月26日

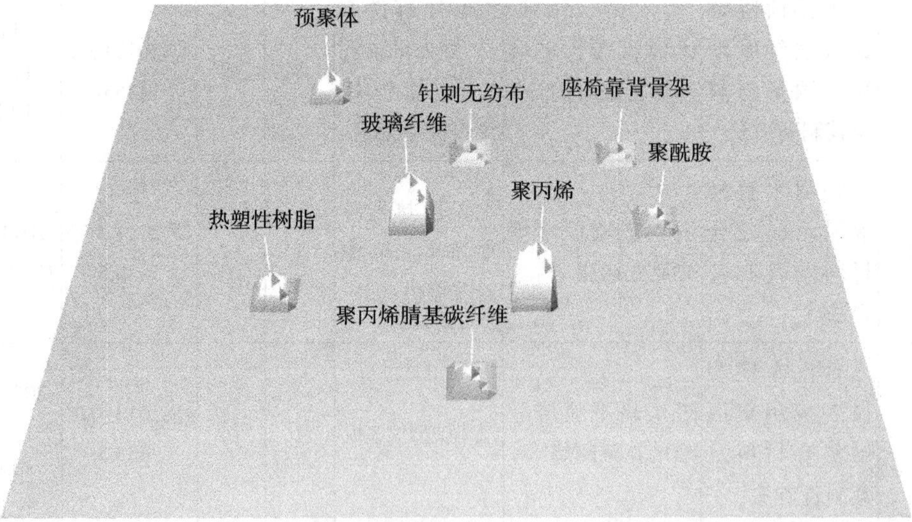

图2-27 金发科技股份有限公司中国专利聚类分析

该公司的专利布局具有以下特点:(1)布局大部分在产业链下游。专利产品可直接用作汽车零部件,主要为汽车发动机周边、内饰件、散热器格栅、保险杠等应用。(2)纤维增强方案大部分为短纤填充。大部分涉及采用短切玻璃纤维填充树脂基材。(3)树脂体系方案较多。该公司在国内专利多涉及采用改性尼龙树脂、聚丙烯树脂、聚碳酸酯树脂、苯乙烯/马来酸酐复合树脂等。(4)中国专利布局全部在2008—2018年。(5)专利质量好。同族专利布局弱,家族被引次数超过10次的有12项。

2.2.4.4.3 杰事杰新材料集团中国专利布局

杰事杰新材料集团成立于1992年(上海杰事杰材料新技术公司),旗下有合肥杰事杰、辽宁杰事杰等多家子公司,是一家致力于工程塑料、新型复合材料等高分子材料研发、制造的高科技集团公司,与众多国内外知名企业如大众、通用、博世等均保持密切合作,并与中国中车、中集集团等民族工业企业建立战略合作伙伴关系,在复合材料、耐高温尼龙、循环经济、大结构制件、3D打印等领域均有布局。在国内共有26项相关专利(见表2-15),最早的一项申请于2010年。把这些专利要求保护的主题进行分类标引(见图2-28),涉及“汽车应用”“复合材料制备”两大主题。

表2-15 杰事杰新材料集团专利布局分析

序号	标题	纤维类型及结构	用途	同族专利/个	被引次数/次	申请号	申请日期
1	一种热塑性复合材料、制备方法及其应用	碳纤维、玻璃纤维、金属纤维、聚酯纤维、聚酰胺纤维、陶瓷纤维或聚对苯二甲酰对苯二胺纤维,与树脂注塑成型	汽车保险杠、门内板、防撞梁、引擎盖	2	53	CN201210139083.3	2012年5月8日

续表

序号	标题	纤维类型及结构	用途	同族专利/个	被引次数/次	申请号	申请日期
2	一种汽车仪表板骨架材料及其制造方法	短切的玻璃纤维、硼纤维、碳纤维、玄武岩纤维、尼龙66纤维、凯夫拉纤维等，与熔融的聚合物薄膜混合注塑成型	汽车仪表板骨架	2	16	CN201110326778.8	2011年10月25日
3	一种连续纤维增强聚丙烯材料及其制备方法	连续玻璃纤维增强聚丙烯	汽车领域	2	15	CN201010564492.9	2010年11月29日
4	一种热塑性复合材料车门的制造方法	玻璃纤维、碳纤维、玄武岩纤维或芳纶纤维，聚烯烃、聚酰胺、热塑性聚酯、ABS等	车门	2	11	CN201010563608.7	2010年11月29日
5	一种尼龙6/聚丙烯复合材料及其制备方法	尼龙6/聚丙烯复合材料	汽车领域	2	7	CN201110179517.8	2011年6月29日
6	一种PET复合材料、制备方法及其应用	玻璃纤维/PET复合材料	汽车轮罩	2	1	CN201110403920.4	2011年12月7日
7	一种自毁式塑料吸能结构及其用途	玻璃纤维、玄武岩纤维、碳纤维、芳纶纤维等，与聚丙烯、聚乙烯、聚氯乙烯、聚甲基丙烯酸甲酯、聚碳酸酯、ABS或聚酰胺注塑成型	管状吸能结构	2	0	CN201210280802.3	2012年8月8日

续表

序号	标题	纤维类型及结构	用途	同族专利/个	被引次数/次	申请号	申请日期
8	一种长玻璃纤维增强尼龙复合材料及其制备方法	长玻璃纤维增强尼龙	汽车领域	1	10	CN201210521444.0	2012年12月6日
9	一种阻燃聚苯乙烯/聚酰胺共混合金材料及其制备方法	玻璃纤维/阻燃聚苯乙烯/聚酰胺共混合金材料	汽车领域	1	6	CN201310655913.2	2013年12月6日
10	一种聚丙烯组合物及其制备方法	长玻璃纤维浸渍聚丙烯	汽车电池包组件	1	5	CN201310382689.4	2013年8月29日

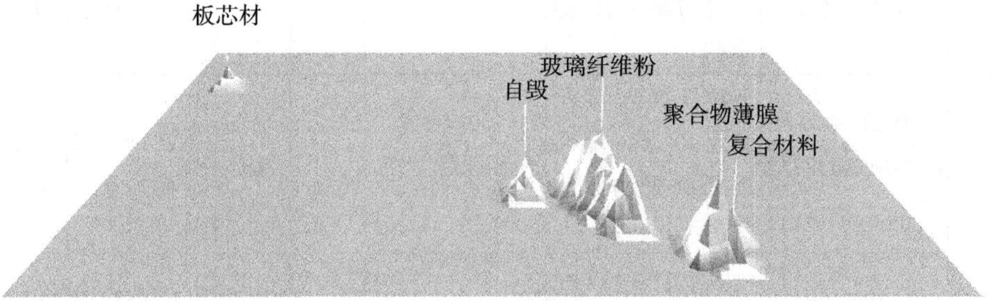

图2-28 杰事杰新材料集团中国专利聚类分析

该公司的专利布局具有以下特点:(1)布局大部分在产业链下游。专利产品可直接用作汽车零部件,主要为车辆的车门、保险杠、防撞梁、底护板、引擎盖、后举门以及仪表板骨架等应用。(2)重视复合结构设计。纤维增强体方面涉及采用碳纤维、玻璃纤维、玄武岩纤维、芳纶纤维等多种类型的连续或短切纤维,复合时与树脂或聚合物薄膜共混注塑。(3)在国内专利布局全部在2008—2018年。(4)专利质量好。同族专利布局弱,家族被引次数超过10次的有5项,最高的一项被引53次。

2.2.4.4.4 无锡吉兴汽车部件有限公司中国专利布局

无锡吉兴汽车部件有限公司成立于1993年，是江苏吉兴集团母公司，旗下无锡吉兴木桥高分子材料科技有限公司是声学部件基材的制造工厂；无锡吉兴汽车声学部件科技有限公司主要负责声学部件的设计、研发和测试认证。以制造汽车部件为主，主要产品从汽车内饰件已向功能结构件、整车NVH声学部件等方向拓展，为通用、本田、东风、丰田等36家主要汽车主机厂配套供货。在国内共申请了23项相关专利（见表2-16），最早的一项申请于2009年。把这些专利要求保护的主题进行分类标引，主要涉及“汽车应用”和“复合材料制备”两大主题。

表2-16 无锡吉兴汽车部件有限公司专利布局分析

序号	标题	纤维类型及结构	用途	同族个数/个	被引次数/次	申请号	申请日期
1	泡沫层压产品及其生产方法	表层为玻璃纤维、合成纤维、天然纤维层与黏结层，泡沫芯	车辆顶篷内衬	13	6	CN200980118504.0	2009年5月15日
2	一种复合面料汽车顶篷的制造方法	玻璃纤维毡、氯纶面料、乙烯-醋酸乙烯共聚物胶膜复合	汽车顶篷	2	19	CN201010254032.6	2010年8月9日
3	汽车顶篷的制造工艺	PU+玻璃纤维+PE膜的聚氨酯复合板材	汽车顶篷	2	7	CN201210166213.2	2012年5月26日
4	一种汽车顶篷的生产方法	玻璃纤维复合聚氨酯发泡板材	汽车顶篷	2	6	CN201210301501.4	2012年8月23日
5	低密度聚氨酯软泡顶衬的湿法生产工艺	在聚氨酯上洒落短切玻璃纤维压制定型	汽车顶衬	1	16	CN200910182815.5	2009年9月7日
6	一种汽车发动机底护板的生产方法	丙纶丝层与玻璃纤维层复合板	汽车发动机底护板	1	4	CN201410417686.4	2014年8月22日

该公司的专利布局具有以下特点:(1)布局全部在产业链下游,且应用终端比较集中,专利产品主要为汽车顶篷、行李箱盖板、备胎盖板等非结构件板材。(2)复合材料结构方案多,如顶篷产品涉及采用玻璃纤维层+泡沫芯+玻璃纤维层、PU+玻璃纤维+PE膜等多种结构。(3)在国内专利布局基本在2008—2018年。(4)专利质量较好。有1项申请Inpadoc同族专利为13个,家族被引次数超过10次的也有2项。

2.2.4.4.5　上海普利特复合材料股份有限公司中国专利布局

上海普利特复合材料股份有限公司的前身是成立于1993年的同济大学普利特化学研究所,公司成立于1999年,主要从事汽车用改性塑料产品的研发、生产、销售和服务,拥有上海普利特化工新材料有限公司、浙江普利特新材料有限公司和重庆普利特新材料有限公司三家全资子公司,并收购了美国最大的塑料再生企业之一威尔曼塑料回收公司,在德国投资设立全资子公司PRET Europe GmbH[普利特(欧洲)有限责任公司],是宝马、奔驰全球认可的第一家中国原材料供应商,并成为延锋伟世通、佛吉亚、华翔电子、德科斯米尔等众多全球化汽车零部件企业的合作伙伴和供应商。在国内申请了22项汽车轻量化纤维复合材料相关专利(见表2-17),最早的一项申请于2007年。把这些专利要求保护的主题进行分类标引,主要涉及“汽车应用”“树脂体系”两大主题。

表2-17　上海普利特复合材料股份有限公司专利布局分析

序号	标题	纤维类型及结构	用途	同族专利/个	被引次数/次	申请号	申请日期
1	长纤维增强聚酰胺/丙烯腈-丁二烯-苯乙烯复合材料及其制造方法	长纤维增强聚酰胺/丙烯腈-丁二烯-苯乙烯树脂	汽车仪表盘支架,排风除霜器格栅,车门组件	2	8	CN200710037541.1	2007年2月13日

续表

序号	标题	纤维类型及结构	用途	同族专利/个	被引次数/次	申请号	申请日期
2	低翘曲高光泽填充增强聚丙烯材料及其制备方法	玻璃纤维、硅灰石填充增强聚丙烯	车用手套箱	2	7	CN201010591635.5	2010年12月16日
3	碳纤维玻璃纤维复合增强阻燃PBT材料及其制备方法	短玻璃纤维、碳纤维复合填充阻燃PBT	汽车领域	2	6	CN201010591398.2	2010年12月16日
4	一种低气味、高性能长玻璃纤维增强聚丙烯材料及其制造方法	长玻璃纤维增强聚丙烯	汽车仪表板骨架、风道、多功能支架、门板等	2	5	CN201210549249.9	2012年12月17日
5	一种由回收废旧地毯PA66材料所制备的高性能复合材料及其制备方法	耐醇解玻璃纤维填充废旧地毯聚酰胺66树脂	汽车前端模块、发动机风扇、油底壳、散热器水室等重要零件	2	2	CN201611242238.0	2016年12月29日
6	一种可直接注塑粘接TPE的增强尼龙合金材料及其制备方法	玻璃纤维增强尼龙合金	汽车天窗折板	1	23	CN200810207588.2	2008年12月23日

该公司的专利布局具有以下特点：(1)布局大部分在产业链下游。专利产品

可直接用作汽车零部件，主要为汽车前端模块、仪表盘骨架、排风除霜器格栅、车门等应用。(2)重视树脂体系的选配。涉及采用聚酰胺/丙烯腈－丁二烯－苯乙烯树脂复合树脂、硅灰石填充改性的聚丙烯树脂、阻燃PBT树脂以及废旧地毯聚酰胺66树脂等。(3)在国内专利布局基本在2008—2018年。(4)专利质量一般。同族专利布局弱，被引次数超过5次专利的有4项。

2.2.4.4.6　芜湖天鸿汽车零部件有限公司中国专利布局

芜湖天鸿汽车零部件有限公司在国内布局了18项汽车轻量化纤维复合材料相关专利(见表2–18)。把这些专利要求保护的主题进行分类标引，全部涉及“复合材料组分”。

表2–18　芜湖天鸿汽车零部件有限公司专利布局分析

序号	标题	纤维类型及结构	用途	同族专利/个	被引次数/次	申请号	申请日期
1	一种汽车防老化的轮胎材料及其制备方法	玻璃纤维、芳香族聚酰胺纤维、丁基橡胶、溴化丁基橡胶、丁苯橡胶、溴化丁基橡胶、天然橡胶等混合材料	汽车轮胎材料	1	1	CN201611165372.5	2016年12月16日
2	一种具有阻燃效果的汽车蓄电池箱体材料及其制备方法	玻璃纤维、聚丙烯等混合材料	汽车蓄电池箱体	1	1	CN201611270265.9	2016年12月30日
3	一种汽车遮阳板的复合材料及其制备方法	聚氨酯、聚苯硫醚、硼纤维、芳纶纤维等混合材料	汽车遮阳板	1	1	CN201611255550.3	2016年12月30日
4	一种汽车导流板的材料及其制备方法	碳纤维、玻璃纤维、聚碳酸酯、丁腈橡胶等混合材料	汽车导流板	1	0	CN201610998301.7	2016年11月14日

续表

序号	标题	纤维类型及结构	用途	同族专利/个	被引次数/次	申请号	申请日期
5	一种汽车塑料保险杠材料及其制备方法	聚碳酸酯、聚四氟乙烯、聚甲基丙烯酸甲酯、碳纤维等混合材料	汽车保险杠	1	0	CN201610998289.X	2016年11月14日

该公司的专利布局具有以下特点:(1)布局大部分在产业链下游。专利产品可直接用作汽车零部件,主要为汽车轮胎、保险杠等应用。(2)重视复合材料组分。该公司在国内专利多涉及复合材料中的纤维、树脂、添加剂等组分的配比。(3)中国专利布局全部在2013—2018年。(4)专利质量差。同族专利布局弱,平均被引次数0.17次。

2.2.4.4.7 上海日之升科技有限公司中国专利布局

上海日之升科技有限公司(原名:上海日之升新技术发展有限公司)成立于1996年,2004年与上海交通大学组建“上海交通大学-日之升新材料技术应用研发中心”。专业从事改性工程塑料及高分子新材料,主要产品有聚丙烯、改性尼龙、聚酯等,市场集中于汽车零部件、工业电气配件、家用及IT电器等。在国内申请了17项汽车轻量化纤维复合材料相关专利,最早的一项申请于2004年(见表2-19)。把这些专利要求保护的主题进行分类标引,主要涉及“复合材料组分”和“汽车应用”两大主题。

表2-19 上海日之升科技有限公司专利布局分析

序号	标题	纤维类型及结构	用途	同族个数/个	被引次数/次	申请号	申请日期
1	一种玻璃纤维和粉煤灰复合增强尼龙材料及其制备方法	玻璃纤维和粉煤灰复合增强尼龙材料	汽车门把手	2	4	CN200810207479.0	2008年12月19日

续表

序号	标题	纤维类型及结构	用途	同族个数/个	被引次数/次	申请号	申请日期
2	玻璃纤维增强聚苯醚聚丙烯合金及其制备方法	玻璃纤维增强聚苯醚/聚丙烯合金材料	汽车零部件、管件、阀件等	1	23	CN201110377403.4	2011年11月24日
3	改善耐热性能的尼龙和ABS合金材料	玻璃纤维填充尼龙和ABS合金材料	汽车轮罩、仪表盘圆架、保险杆	1	17	CN200510025567.5	2005年4月29日
4	可用于汽车散热器罩盖的尼龙66组合物及其制备方法	玻璃纤维填充尼龙66组合物	汽车散热器的上下盖	1	14	CN201010605366.3	2010年12月21日
5	耐高低温循环玻璃纤维增强PA66复合材料及其制备方法	玻璃纤维增强尼龙66	汽车碳管阀	1	14	CN201110377639.8	2011年11月24日
6	可用于汽车发动机罩盖的尼龙66组合物及其制备方法	玻璃纤维填充尼龙66组合物	汽车发动机罩盖	1	12	CN200410067639.8	2004年10月29日
7	一种可用于汽车发动机罩盖的尼龙6组合物及其制备方法	玻璃纤维增强尼龙6组合物	汽车发动机罩盖	1	10	CN200410067638.3	2004年10月29日

该公司的专利布局具有以下特点:(1)布局大部分在产业链中游。专利产品大部分为汽车零部件可用的制备方法及半成品,应用方向主要包括发动机罩盖、轮罩、仪表盘圆架、保险杆、汽车门把手。(2)重视复合材料组分。该公司在国内专利多涉及复合材料中的纤维、树脂、添加剂等组分的配比。(3)在国内专利布局

大部分在2008—2018年。(4)专利质量较好。同族专利布局弱,家族被引次数超过10次的有6项。

2.2.4.4.8 青岛欣展塑胶有限公司中国专利布局

青岛欣展塑胶有限公司成立于2011年,经营范围包括塑料色母、橡胶色母、鞋材的生产、加工与销售等。青岛欣展塑胶在国内申请了15项汽车轻量化纤维复合材料相关专利,最早的一项申请于2012年(见表2-20)。把这些专利要求保护的主题进行分类标引,主要涉及"碳纤维增强树脂复合材料"。

表2-20 青岛欣展塑胶有限公司专利布局分析

序号	标题	纤维类型及结构	用途	同族专利/个	被引次数/次	申请号	申请日期
1	环保阻燃增强PC复合材料及其制备方法	玻璃纤维增强聚碳酸酯树脂复合材料	汽车领域	1	4	CN201310399522.9	2013年9月5日
2	纳米级阻燃增强聚碳酸酯及其制备方法	纳米碳纤维增强聚碳酸酯	汽车领域	1	2	CN201310324623.X	2013年7月30日
3	低模量碳纤维改性PC复合材料及其制备方法	低模量碳纤维改性聚碳酸酯树脂	汽车领域	1	2	CN201310398183.2	2013年9月5日
4	碳纤维增强聚碳酸酯PC及其制备方法	碳纤维增强聚碳酸酯	汽车领域	1	2	CN201310398920.9	2013年9月5日
5	高刚性、高稳定性聚碳酸酯改性塑料	表面改性碳纤维增强聚碳酸酯	汽车领域	1	2	CN201310399518.2	2013年9月5日
6	一种改性PET/PBT合金材料	玻璃纤维增强改性PET/PBT合金材料	汽车领域	1	1	CN201210373085.9	2012年9月30日

该公司的专利布局具有以下特点:(1)布局大部分在产业链中游。专利产品的应用方向包括汽车领域,但未明确具体零部件种类。(2)重视树脂体系的选配。该公司在国内专利多涉及以碳纤维为增强体,与聚碳酸酯树脂、聚乙烯树脂、PBT树脂等复合。(3)在国内专利布局基本在2012—2014年。(4)专利质量较差。同族专利布局弱,平均被引次数为1次。

2.2.4.4.9 扬中市天正合成材料研究中心中国专利布局

扬中市天正合成材料研究中心成立于2016年,注册地位于江苏省扬中市,经营范围包括合成材料研发、化工材料(不含危险化学品)、建筑材料研发、销售。在国内申请了15项汽车轻量化纤维复合材料相关专利,最早的一项申请于2013年(见表2-21)。把这些专利要求保护的主题进行分类标引,全部涉及"复合材料组分"。

表2-21 扬中市天正合成材料研究中心专利布局分析

序号	标题	纤维类型及结构	用途	同族专利/个	被引次数/次	申请号	申请日期
1	一种车用顶棚环保高阻燃发泡材料及其制备方法	玻璃纤维填充发泡材料	车用顶棚	1	1	CN201610531424.X	2016年7月7日
2	一种房车内饰地板用环保阻燃发泡材料及其制备方法	玻璃纤维填充发泡材料	房车内饰地板	1	0	CN201710520560.3	2017年6月30日
3	一种汽车水箱用环保阻燃PU发泡材料及其制备方法	玻璃纤维填充发泡材料	汽车水箱	1	0	CN201810662697.7	2018年6月25日

续表

序号	标题	纤维类型及结构	用途	同族专利/个	被引次数/次	申请号	申请日期
4	用于客车燃油箱底盘的环保阻燃发泡材料及制备方法	玻璃纤维填充发泡材料	客车燃油箱底盘	1	0	CN201810681818.2	2018年6月27日
5	用于越野车燃油箱的环保阻燃发泡材料及制备方法	玻璃纤维填充发泡材料	越野车燃油箱	1	0	CN201810681829.0	2018年6月27日

该公司的专利布局具有以下特点:(1)布局大部分在产业链中游。专利产品全部为含玻璃纤维组分的发泡材料,应用方向集中在汽车顶棚、地板、燃油箱等。(2)重视复合材料组分。(3)在国内专利布局全部在2008—2018年。(4)专利质量差。同族专利布局弱,15项专利累计被引次数1次。

2.2.4.4.10 浙江华江科技股份有限公司中国专利布局

浙江华江科技股份有限公司成立于2003年,位于浙江省杭州市,公司以环保型复合材料为发展方向,拥有多条德国进口PU发泡、切割、复合及GMT、CMT生产线,长期致力于汽车、轨道交通内外饰复合材料的研究、生产、销售和服务。六大自主知识产权产品——聚氨酯复合材料系列、玻璃纤维增强热塑性复合材料系列、竹原纤维复合材料、PP/PET复合材料、各类蜂窝复合材料及各类功能性热熔胶膜等,广泛应用于汽车顶棚、衣帽架、后隔板、备胎盖板、轮罩、底护板、引擎隔音隔热等内外饰部件。该司在国内申请了14项汽车轻量化纤维复合材料相关专利,最早的一项申请于2009年(见表2-22)。把这些专利要求保护的主题进行分类标引,主要涉及“复合板材制备”。

表2-22　百济神州专利布局分析

序号	标题	纤维类型及结构	用途	同族专利/个	被引次数/次	申请号	申请日期
1	一种高性能乘用车底护板用轻质纤维增强热塑性板材及其制备工艺	改性的玻璃纤维、麻纤维、竹纤维与玄武岩纤维，与热塑性树脂纤维交叉铺网得到针刺毛毡	乘用车底护板	2	17	CN201310693910.8	2013年12月16日
2	一种高阻燃性的轻质纤维增强热塑性树脂复合板材的配方及制备工艺	竹纤维、麻纤维、玻璃纤维、碳纤维、玄武岩纤维，与热塑性树脂纤维混合梳理成薄毡	汽车内饰板材	2	7	CN201410142223.1	2014年4月10日
3	一种用于制备乘用车全长车身底护板的长玻璃纤维增强轻质热塑性复合材料及其制备方法	以热塑性基材纤维为黏结基体，以玻璃纤维、玄武岩纤维、碳纤维等为增强材料混纺制得复合纤维毡	乘用车全长车身底护板	2	5	CN201510884898.8	2015年12月4日
4	一种高吸声型超轻高强GMT复合板材	以热塑性基材纤维为黏结基体，以玻璃纤维、玄武岩纤维、碳纤维等为增强材料热压制成	汽车内外饰	2	5	CN201610764542.5	2016年8月30日
5	一种汽车顶篷用聚氨酯板材的生产方法	短切玻璃纤维制成的胶玻布与聚氨酯硬泡板复合	汽车顶篷板材	1	12	CN200910102121.6	2009年8月13日

该公司的专利布局具有以下特点：(1)专利产品全部为汽车用复合板材，包括车底护板、内外饰板材。(2)在国内专利布局基本在2014—2018年。(3)专利质量一般。同族专利布局弱，家族被引次数超过10次的有2个，平均被引次数3.36次。

2.2.4.5 人才地图

人才地图，紧盯产业与人才发展前沿，对接区域产业需求和人才需求，有助于提升区域引才工作的主动性、针对性与精确性。

从我国汽车轻量化纤维复合材料技术领域人才列表(见表2-23)可知，当前该领域的知名科学家主要分布在东部和南部沿海地区，且以长三角以及周边省市为高端人才集聚中心。

表2-23 我国汽车轻量化纤维复合材料技术领域主要专利发明人

省市	主要专利发明人	所属机构
北京	陆群	北京长城华冠汽车
	孟秀青	蓝星(北京)化工机械
山东	吕玲霞	青岛文晟汽车零部件
	徐茂航	青岛保利康新材料
	肖忠渊	荣成复合材料
江苏	朱章娣	扬中市天正合成材料研究中心
	马开梅	兴化市精密铸锻造产业研究院
	刘莉	苏州莱特复合材料
	孙刚	江苏金发科技新材料
安徽	邢昌平	芜湖天鸿汽车零部件
	杨桂生	合肥杰事杰新材料
	张静、秦玉林	奇瑞汽车
	吴康希	安徽宜万丰电器
浙江	周刚	宁波华翔汽车纤维
	戴初发、丁文鹏	宁波兴柯汽车新材料
	陆建华	宁波伊德尔新材料

续表

省市	主要专利发明人	所属机构
浙江	毛莹	余姚市纳尔琪汽车零部件
	张海生	浙江普利特新材料司
	方晶	浙江华江科技
湖南	陈如意	长沙五犇新材料
广东	徐东	深圳市科聚新材料
	黄险波	广州金发碳纤维新材料

第3章　铁路列车轻量化纤维复合材料技术专利分析

本章中，使用了Derwent Innovation和incoPat专利数据库，结合关键词、IPC分类方法进行专利检索和数据采集，共得到与铁路列车轻量化纤维复合材料相关的德温特专利族1240项，共4313件专利（检索时间范围为1962—2018年6月）。在专利分析工具上，综合应用了科睿唯安的DDA、Derwent Innovation以及合享智慧的incoPat等工具。

3.1　全球专利分析

3.1.1　全球专利申请基本状况

3.1.1.1　专利年度分布情况

图3-1展示了全球铁路列车轻量化纤维复合材料技术相关专利数量的年度变化趋势，总体上专利申请量呈现上升趋势。根据专利申请数量及发展趋势，可以将铁路列车轻量化纤维复合材料技术发展分为3个阶段。

第1阶段（1968—1986年），铁路列车轻量化纤维复合材料技术孕育期。最早的铁路列车轻量化纤维复合材料专利申请出现在1968年，随后的8年专利申请一直较少且分散，年均专利申请量1.4项，处于技术孕育期。这段时期的专利申请主要来自美国、日本、德国等。20世纪80年代前，复合材料主要用于航天、航空、先进武器系统等军事领域，在轨道车辆上的应用极少且限于饰件。1968年，德国BOLENZ & SCHAEFER MASCHF采用浸渍树脂的玻璃纤维预制件制造了铁路货车车顶结构（DE1778493A）。次年，美国ACF采用玻璃纤维布制造了铁路车用刚性聚氨酯泡沫车顶(US1969831418A)。进入80年代后,随着轨道车辆综合性能的提高,复合材料才在轨道交通中开始应用,美国安施德工业公司等将纤维复合材料用于铁路车用摩擦件。

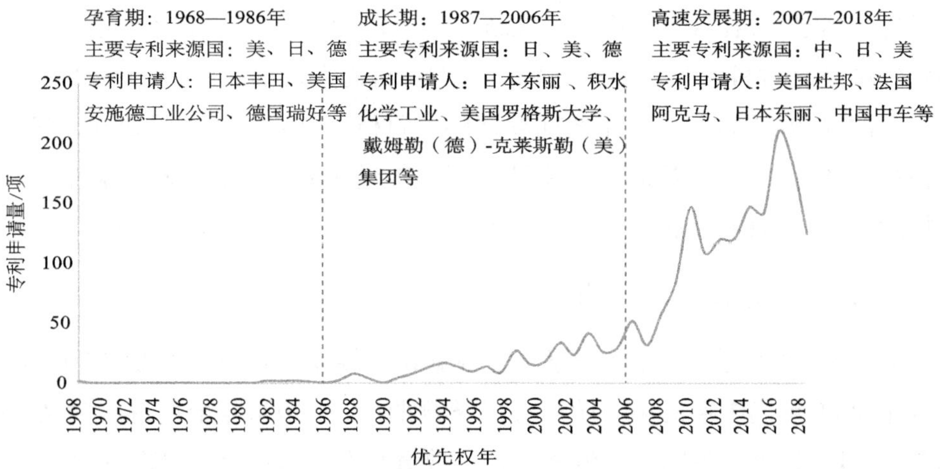

图3-1　全球铁路列车轻量化纤维复合材料技术专利申请趋势

第2阶段(1987—2006年),铁路列车轻量化纤维复合材料技术波动成长期。该阶段专利申请数量较前一阶段明显上升,年均专利申请量18.6项;其间专利申请量虽有波动,总体呈上升趋势,日本加大了研发力度,专利申请量波动超越美国,欧洲、德国持续保持相对稳定的专利申请量,同时英国、中国也开始了相关专利申请,申请主力是日本东丽、积水化学工业、美国罗格斯大学以及由原德国戴姆勒-奔驰汽车公司与美国克莱斯勒汽车公司合并而成的戴姆勒-克莱斯勒集团(1998—2007年)。为了进一步减轻重量、改善隔声性能以及便于设计、制造,这一时期国外主要国家相继用纤维增强塑料夹层结构开发铁路列车轻量化车体或部件,1989年日本铁路试制成功CFRP转向架构架,2001年起韩国为高速列车车厢减重研发计划投入9500万美元。

第3阶段(2007—2018年),铁路列车轻量化纤维复合材料技术进入高速发展时期。该阶段专利申请数量飞速增长,每年专利申请量逐渐由30余项增长到最高200余项,中国在这一阶段的专利申请量快速增长,后期专利申请量逐步超越日本和美国，成为首位。这个阶段的申请主力是美国杜邦、法国阿克玛、日本东丽、中国中车等。随着全球城市化、工业化程度的不断深入，铁路运输产业取得了长足的发展，与此同时能源短缺和环境污染的问题也日趋严重，世界各国致力于推动低能耗、低排放交通工具的发展，轻量化成为未来交通运输装备制造业发展的必然趋势，在轻量化产业发展新形势下，各大交通运输装备制造商纷纷推动碳纤维复合材料及工程塑料等新型轻质材料的大规模应用，解决材料应用过程存在的成型、连接技术及工艺问题，降低新材料应用成本，以尽快在市场竞争中占据优势地位。可以预测，未来铁路列车轻量化纤维复合材料专利申请量仍有持续增长的趋势，发展前景毋庸置疑。

3.1.1.2 技术生命周期

从图3-2可以看出，全球铁路列车轻量化纤维复合材料技术经过20世纪60年代末至80年代中期的第一阶段技术孕育期后，在1986年前后进入为期20年的第二阶段技术波动成长期，专利申请人数量和专利数量总体出现波动式增长，2012—2017年，专利申请量急速增长，但专利申请人数量却出现连续下降，表明铁路列车轻量化纤维复合材料技术已进入第三阶段技术成熟期，反映了竞争趋向激烈，进入门槛提高，小型企业开始退出市场。

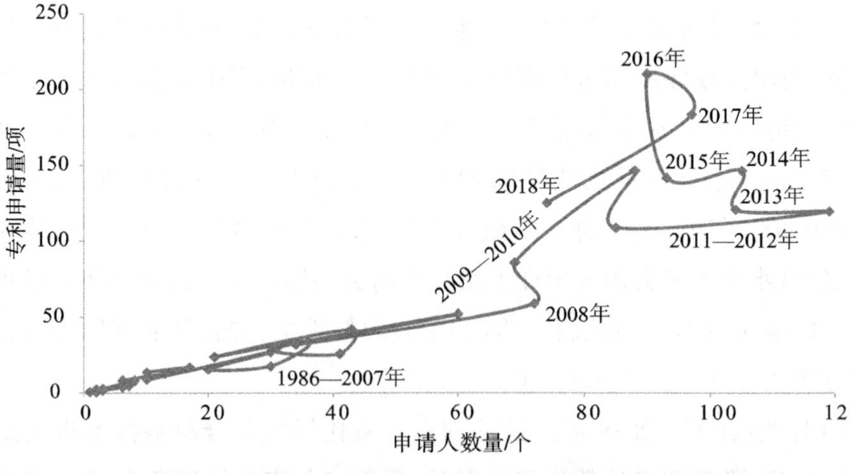

图3-2 全球铁路列车轻量化纤维复合材料技术生命周期

3.1.2　专利技术分析

3.1.2.1　热点技术分析

表3-1列出全球铁路列车轻量化纤维复合材料技术领域专利较多的德温特手工代码及其释义。从产业链分布分析发现，在铁路列车轻量化纤维复合材料技术领域的热点专利技术主要分布在产业链下游的产品和应用领域，如特定纤维增强塑料，车用、军用增强塑料，碳纤维或玻璃纤维增强塑料和其他模压成型的车用零部件等。此外，中游的热点专利技术主要是制备铁路列车轻量化纤维复合材料的工艺，如纤维增强塑料的制造、长丝缠绕、拉挤成型以及层合工艺；还有上游关于填充料及增强剂的研究。从纤维种类分析发现，碳纤维和玻璃纤维产品是该领域的技术热点。

表3-1　全球铁路列车轻量化纤维复合材料技术德温特手工代码分析

德温特手工代码	专利数量/项	德温特手工代码释义
A11-B09A1	670	纤维增强塑料的层合工艺
A08-R01	624	填充料及增强剂
A12-S08C	624	特定增强塑料半成品，如碳纤维增强
A12-S08D3	618	车用、军用增强塑料半成品
A12-S08B	592	玻璃纤维增强塑料半成品
A11-B09C	417	纤维增强塑料的制造、长丝缠绕、拉挤成型工艺
A08-R03A	362	碳纤维填充料及增强剂
A12-T04D	361	其他模压成型的车用零部件
A12-S08F	328	织物增强塑料应用
A12-S08D	303	塑料增强用半成品

通过Derwent Innovation的ThemeScape专利聚类图（见图3-3）分析铁路列车轻量化纤维复合材料领域的技术研究热点主要为两大方向：（1）纤维复合材料的组分和结构研究，包括夹层结构，线型酚醛树脂、混合树脂体系、纤维等组分。（2）纤维复合材料的应用，包括在吸声材料、铁路列车卧铺、摩擦材料、转向架等

方面的应用。其中，夹层结构方面，芯层的山峰最高，提示该领域专利数量多，是研究热点。

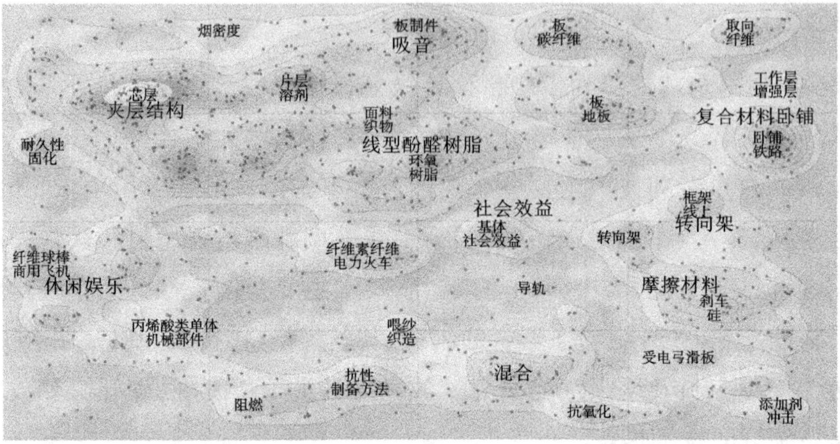

图 3-3　铁路列车轻量化纤维复合材料技术ThemeScape聚类分析

3.1.2.2　纤维类型分析

进一步对铁路列车轻量化复合材料纤维类型（见图3-4）分析发现，玻璃纤维复合材料专利最多，达731项；紧随其后的是碳纤维复合材料，专利达707项；随后是芳纶复合材料（347项）和玄武岩纤维复合材料（91项）。

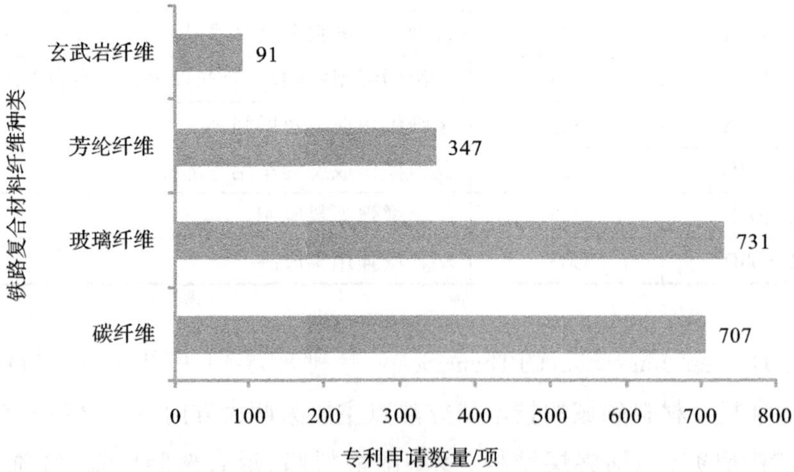

图 3-4　铁路列车轻量化纤维复合材料类型分析

3.1.2.3 新兴技术分析

表3-2对铁路列车轻量化纤维复合材料技术领域2017—2019年首次使用且专利数量较多的IPC代码进行汇总。其中,专利数最多的是B61C(机动有轨车);其他还有C01G(金属化合物)、D01C(为提高纤维可纺性的化学处理)、F01D(非变容式机器或发动机,如汽轮机)、G06N(基于特定计算模型的计算机系统)等。这些首次使用的IPC代码聚集领域可能是未来铁路列车轻量化纤维复合材料技术领域新的研发热点所在。

表3-2 铁路列车轻量化纤维复合材料技术领域2017—2019年首次使用的IPC代码

IPC	专利数量/项	IPC释义
B61C	2	机动有轨车
C01G	1	金属化合物,如铜、银、金的无机化合物
D01C	1	为制得可纺纱的长丝或纤维,而对天然的长丝状或纤维状原料进行的化学处理;碎呢碳化回收动物纤维
D21F	1	造纸机;用以生产纸张的方法
F01D	1	非变容式机器或发动机,如汽轮机
F16N	1	工程元件润滑
G06N	1	基于特定计算模型的计算机系统
A47H	1	门和窗的装饰品
B02C	1	一般破碎、研磨或粉碎;碾磨谷物
B04B	1	离心机

3.1.3 专利区域分析

3.1.3.1 全球专利来源区域分布

由图3-5可以看出,在铁路列车轻量化纤维复合材料技术领域,来自中国的专利最多,达566项(占比30%);其次是来自日本、美国和德国的,专利数量分别为453项(占比24%)、349项(占比18%)和141项(占比7%)。表明中国、日本、美国的企业和科研单位非常重视铁路列车轻量化纤维复合材料的研发，技术实力雄厚，处于全球第一梯队。

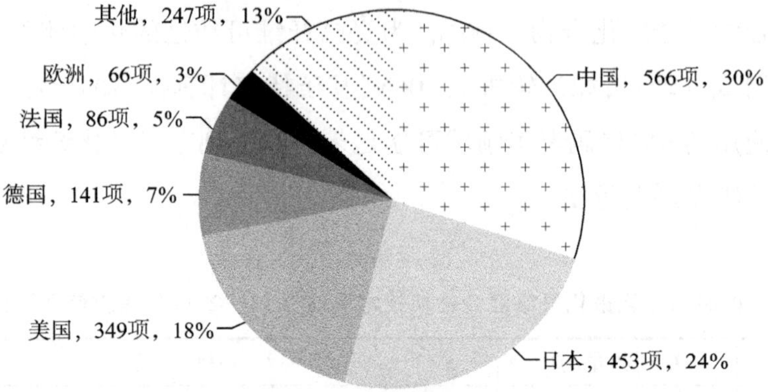

图3-5　全球铁路列车轻量化纤维复合材料专利来源区域分布

3.1.3.2　主要技术来源国专利申请时间分布

从主要专利来源国专利申请时间分布情况上看（见图3-6），日本、美国、德国和法国是全球铁路列车轻量化纤维复合材料技术研发的先行者，20世纪中后期就开始申请了该技术领域的专利，并同时开启了技术孕育期。

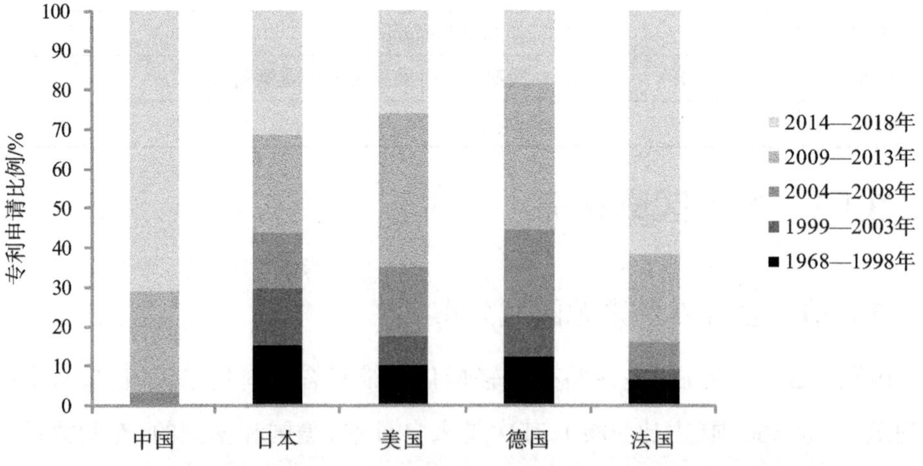

图3-6　铁路列车轻量化纤维复合材料主要技术来源国专利申请时间分布

1999年以前，日本在该技术领域已申请了70项专利，美国、德国、法国分别有36项、18项、6项。而中国起步较晚，至2002年才开始申请了第一项相关专利；但是，2006年以后，我国奋起直追，2012年度专利数量超越日本和美国，位居全球第一，这与我国高铁综合性能的提升以及新材料企业和研究机构对该技术领域的研发投入增大有关。我国2014年以后的专利占比71%；2014—2018年年均专利增长率达51%。值得一提的是，日本、美国、德国的专利申请虽起步早，但69%以上的专利集中在2013年以前，且美国、德国2011年前后开始出现专利申请下降趋势；而法国62%的专利均出现在近5年。

3.1.3.3 主要国家专利技术布局

图3-7对主要专利来源国在4大车用轻量化纤维复合材料的专利申请情况进行分析，可知各国均侧重于碳纤维复合材料和玻璃纤维复合材料的研发，专利数量较多。在芳纶复合材料方面，中国、日本、美国平分秋色，专利申请比例都较高；在玄武岩纤维复合材料方面，我国专利申请量124项，居次位的美国为43项，在该材料领域的专利数量占有绝对优势。

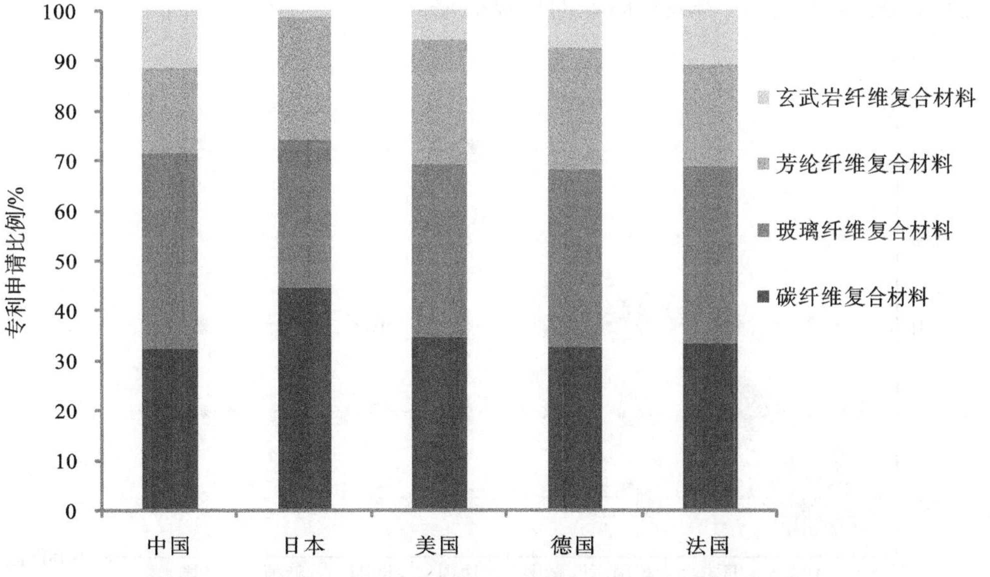

图3-7　主要专利来源国铁路列车轻量化纤维复合材料技术布局

3.1.3.4 主要国家全球专利布局

图3-8分析了中国、日本、美国、德国和法国这5个铁路列车轻量化纤维复合材料专利数量较多的国家在全球专利布局的情况。可以发现，除法国外，中国、日本、美国、德国作为铁路列车轻量化纤维复合材料技术研发的强国，其对世界市场的争夺也非常激烈，因此除了对本国进行专利保护，为了在国外生产、销售采用铁路列车轻量化纤维复合材料的产品，其必须在国外地区申请相关专利以求获得知识产权保护，同时该国同族专利的申请也可以反映出其市场战略。除在本国申请外，日本在美国的专利布局最多，在法国、欧洲、德国布局较多，在中国申请了少量专利；美国重点在日本、法国、德国和欧洲地区进行布局；德国在美国和日本进行了专利布局。可见日本、美国、德国在铁路列车轻量化纤维复合材料领域开展了激烈的专利输出战，但它们在我国的专利布局普遍较少。另外，也提示我国企业发展铁路列车轻量化纤维复合材料材料，当前在国内面临的外来专利壁垒较小。我国除在本国申请外，为开拓海外市场，也申请了较多的PCT专利，同时积极在美国、日本、欧洲地区、法国和德国开展专利布局，在美国申请了144项，在日本申请了61项，在欧洲、法国、德国分别申请了46项、41项、26项。这也反映出我国在该领域外向型的市场战略。

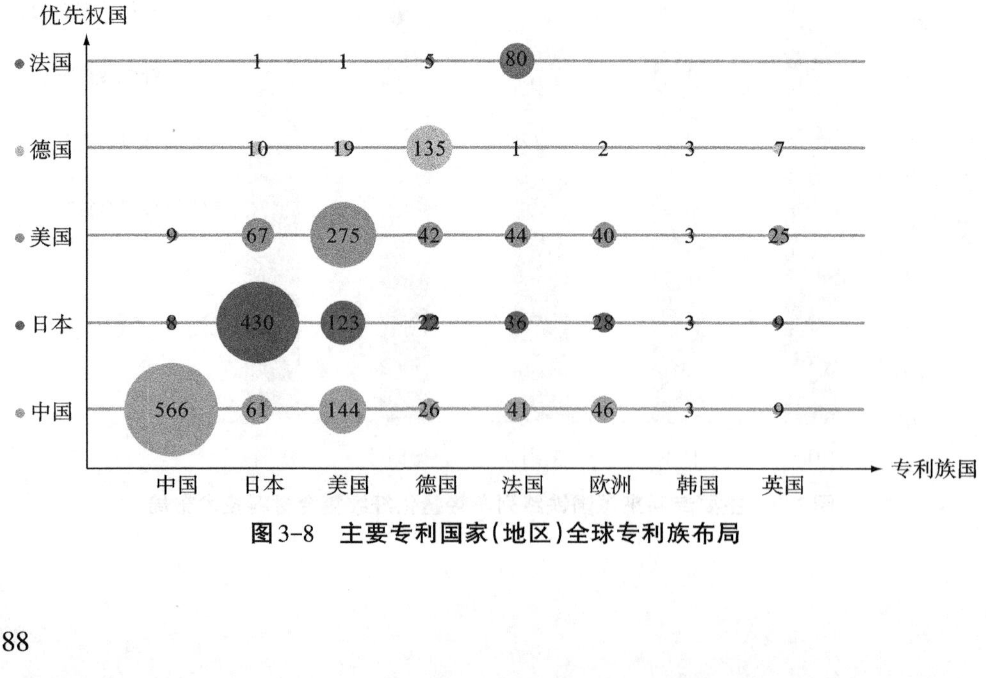

图3-8 主要专利国家(地区)全球专利族布局

3.1.4 专利申请人分析

3.1.4.1 主要专利申请人

图3-9给出了全球铁路列车轻量化纤维复合材料技术领域的主要专利申请人。排名前5的是美国杜邦、法国阿克马、日本东丽、中国中车和日本三菱，分别申请了97项、62项、60项、49项和38项相关专利。从专利申请人所属国家分布看，TOP 20申请人主要是来自日本、中国和美国，其中日本有8家、中国5家、美国3家。TOP 10专利申请人中来自中国的机构最多，分别是中国中车、上海睿兔电子材料有限公司和东华大学3家，另外，我国的上海晋飞复合材料科技有限公司、中国运载火箭技术研究院也进入了TOP 20行列。可见三国企业在该领域拥有较强的技术实力。同时也可以看出，针对铁路列车轻量化纤维复合材料的研发，主要以企业为主体，也包括一些高校院所，以保护市场为目的，最终以获得丰厚的利润为研发动力。这些企业可能是未来国内企业争夺本土市场的重点竞争对手。

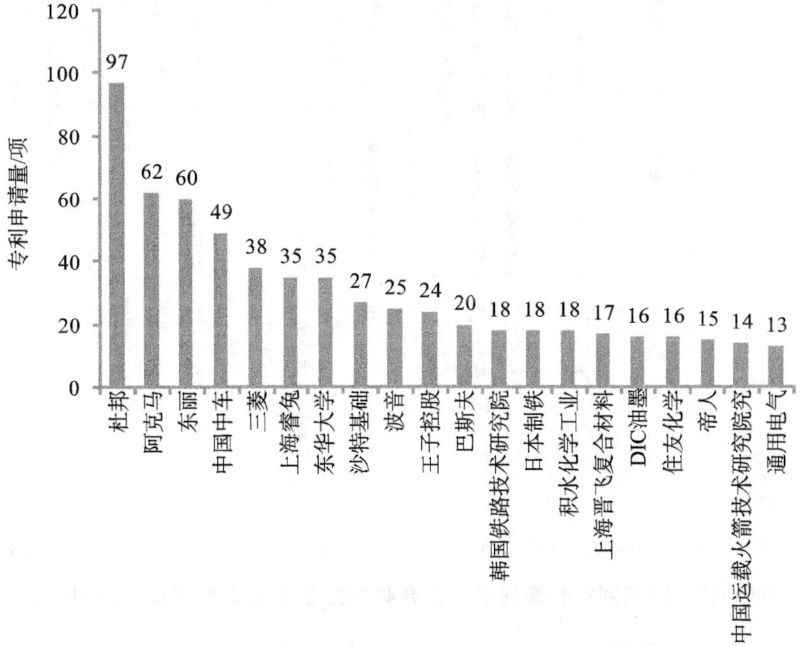

图3-9　铁路列车轻量化纤维复合材料主要专利申请人

3.1.4.2 主要申请人专利申请时间分布

从主要申请人的专利申请时间分布情况上看(见图3-10),TOP 20申请人的专利主要集中在2004年以后,且2008—2018年是各大企业铁路列车轻量化纤维复合材料专利的密集申请期。其中,东丽、三菱、波音、DIC油墨、住友化学、韩国铁路技术研究院2004以来的专利申请较为稳定,其中,韩国铁路技术研究院的专利全部分布在2008—2018年;杜邦、日本制铁、积水化学工业、帝人、通用电气90%以上的专利分布在2013年以前;阿克马、中国中车、沙特基础、王子控股、巴斯夫、中国运载火箭技术研究院约60%以上的专利分布在2013—2018年,上海睿兔、东华大学、上海晋飞复合材料的专利则全部分布在2013—2018年。

总体而言,国外铁路列车轻量化纤维复合材料巨头的专利布局主要集中在2003—2018年,我国企业起步较晚,但2013—2018年发展迅猛,实力较强。

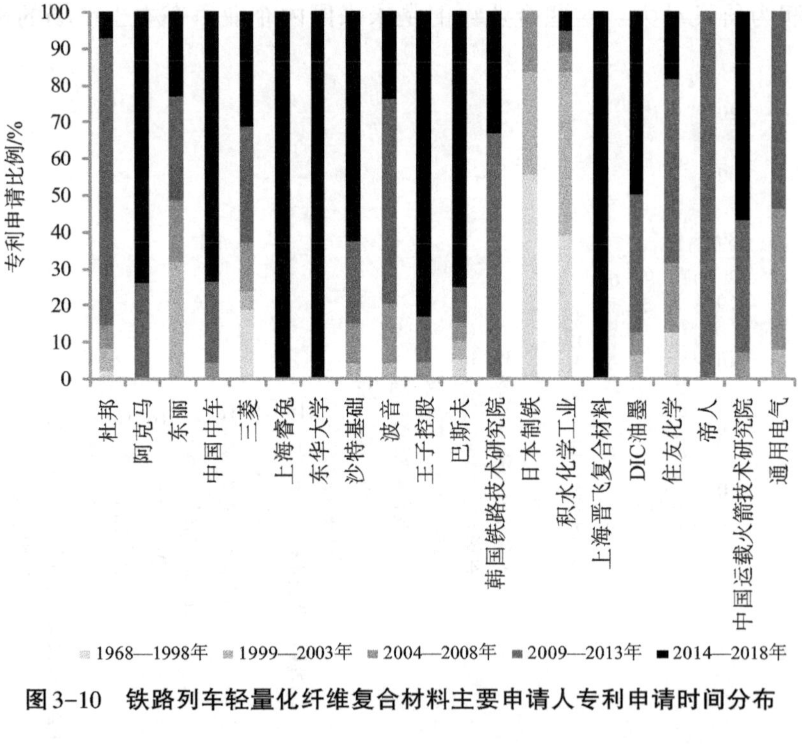

图3-10 铁路列车轻量化纤维复合材料主要申请人专利申请时间分布

3.1.4.3　主要申请人技术特长

由图3-11可知，在铁路列车轻量化纤维复合材料领域各主要专利申请人的技术特长各有不同，且碳纤维复合材料的相关专利都比较多。其中，杜邦、上海睿兔、东华大学、韩国铁路技术研究院、日本制铁、上海晋飞复合材料、住友化学、帝人、通用电气的专利分布较均衡，碳纤维、玻璃纤维和芳纶复合材料的专利均较多；阿克马、中国中车、沙特基础、巴斯夫、DIC油墨、中国运载火箭技术研究院的专利主要分布在碳纤维和玻璃纤维复合材料；东丽、三菱、波音、王子控股的专利主要集中在碳纤维复合材料；积水化学工业在玻璃纤维复合材料的专利布局占比很大；芳纶纤维复合材料相关专利申请最多的是杜邦；玄武岩纤维复合材料相关专利申请最多的机构是上海睿兔、东华大学。

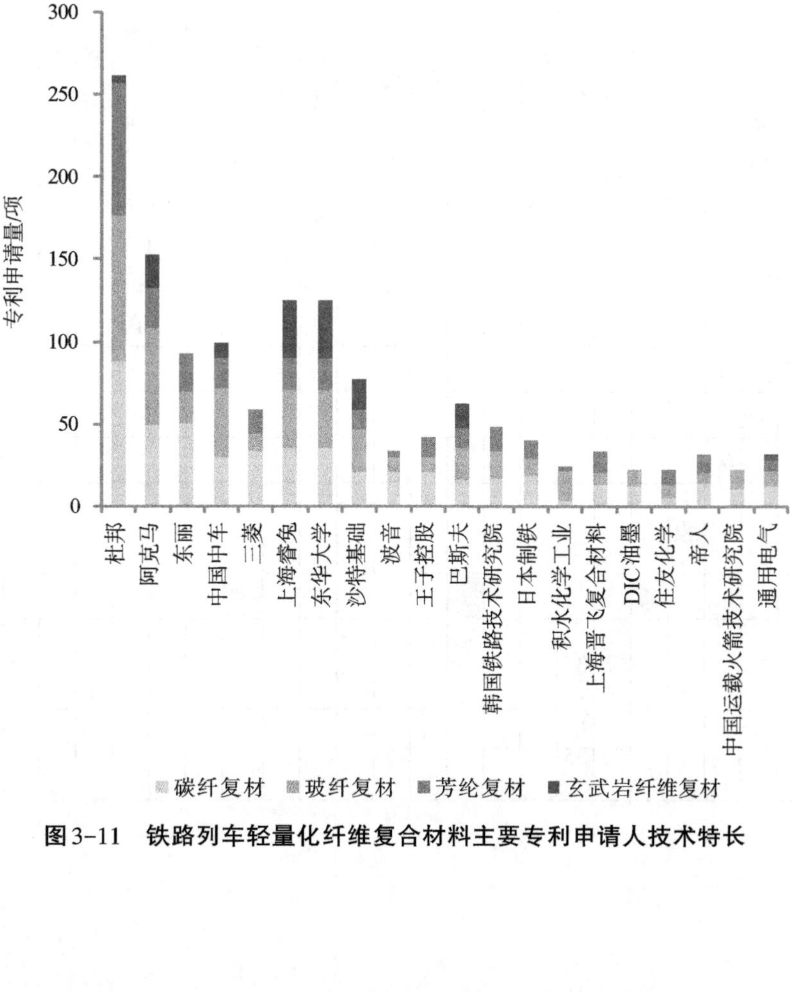

图3-11　铁路列车轻量化纤维复合材料主要专利申请人技术特长

3.1.4.4 主要专利申请人合作分析

如表3–3所示，全球主要铁路列车轻量化纤维复合材料研发机构之间的相互合作情况很少，仅有零星的几家企业合作申请相关专利。例如，沙特基础与通用电气司有7项合作申请专利；日本制铁与日铁复合材料有6项合作申请专利，波音和通用电气、杜邦和东丽、东丽和日铁复合材料等也有较少的专利合作申请。可见，由于市场竞争极为激烈，国外公司与公司之间的专利合作申请较少。

表3–3 铁路列车轻量化纤维复合材料技术主要专利申请人合作情况

单位：项

专利申请人	杜邦	阿克马	东丽	中国中车	三菱	上海睿兔	东华大学	沙特基础	波音	王子控股	巴斯夫	韩国铁路技术研究院	日本制铁	积水化学工业	上海晋飞复合材料	DIC油墨	住友化学	帝人	中国运载火箭技术研究院	通用电气	上海杰事杰新材料	可乐丽	日铁复合材料	苏州东南佳新材料	利润中心
杜邦	97		3																						
阿克马		62																							
东丽	3		60																				2		
中国中车				49																					
三菱					38					1						1									
上海睿兔						35	35																		
东华大学						35	35																		

续表

专利申请人	杜邦	阿克马	东丽	中国中车	三菱	上海睿兔	东华大学	沙特基础	波音	王子控股	巴斯夫	韩国铁路技术研究院	日本制铁	积水化学工业	上海晋飞复合材料	DIC油墨	住友化学	帝人	中国运载火箭技术研究院	通用电气	上海杰事杰新材料	可乐丽	日铁复合材料	苏州东南佳新材料	利润中心
沙特基础								27												7					
波音									25											4					
王子控股					1					24						1									
巴斯夫											20														
韩国铁路技术研究院												18													
日本制铁													18										6		
积水化学工业														18											
上海晋飞复合材料															17										
DIC油墨					1					1						16									

续表

专利申请人	杜邦	阿克马	东丽	中国中车	三菱	上海睿兔	东华大学	沙特基础	波音	王子控股	巴斯夫	韩国铁路技术研究院	日本制铁	积水化学工业	上海晋飞复合材料	DIC油墨	住友化学	帝人	中国运载火箭技术研究院	通用电气	上海杰事杰新材料	可乐丽	日铁复合材料	苏州东南佳新材料	利润中心
住友化学																	16								
帝人																		15							
中国运载火箭技术研究院																			14						
通用电气								7	4											13					
上海杰事杰新材料																					13				
可乐丽																						12			
日铁复合材料			2										6										12		
苏州东南佳新材料																								12	

续表

专利申请人	杜邦	阿克马	东丽	中国中车	三菱	上海睿兔	东华大学	沙特基础	波音	王子控股	巴斯夫	韩国铁路技术研究院	日本制铁	积水化学工业	上海晋飞复合材料	DIC油墨	住友化学	帝人	中国运载火箭技术研究院	通用电气	上海杰事杰新材料	可乐丽	日铁复合材料	苏州东南佳新材料	利润中心
利润中心																									11

3.1.5 重要专利分析

3.1.5.1 技术引证分析

表3-4列举了铁路列车轻量化纤维复合材料技术领域被引次数排名前18位的高被引专利，其中，被引100次以上的高被引专利共6项。这些专利主要来自美国赫氏公司、波音公司，法国阿科玛公司，德国戴姆勒等复合材料研发巨头，中国合肥杰事杰新材料股份有限公司也在其列。

表3-4 铁路列车轻量化纤维复合材料技术领域高被引专利

优先权号 优先权日	标题	申请人	被引次数/次
WOAU00000116 2000-02-18	发光凝胶涂层和可模塑树脂	澳洲澳利安西元二十一私人有限公司	334
GB0622060 2006-11-06	改进的复合材料	美国赫氏公司	293

续表

优先权号 优先权日	标题	申请人	被引次数/次
GB0619401 2006-10-02	具有改进性能的预浸渍复合材料	美国赫氏公司	209
EP2003102228A 2003-07-18	热稳定模制组合物	帝斯曼知识产权资产管理有限公司	171
US11844174 2007-08-23	导电稀松布嵌入结构黏合剂薄膜	美国波音公司	103
US2004810739A 2004-03-26	具有表面覆盖层的纤维增强热塑性片材	RAGHAVENDRAN VENKATKRISHNA 等人	100
US60307109 2001-07-23	三维间隔织物树脂层间输液介质工艺及真空诱导增强复合层压板结构	MACK PATRICK E 等人	93
FR201159658A 2011-10-25	热塑性复合材料的增强纤维的合成和制备方法	法国阿科玛公司	89
DE10159067 2001-12-01	碰撞-结构的纤维增强复合材料	德国戴姆勒股份公司	85
IT1992RM0590 1992-08-03	用于制造碳纤维结构的系统以及相关制造工艺，适用于航空应用	意大利莱奥纳尔多股份公司	76
CH00061099 1999-03-31	塑料结构元件与插入件	瑞士科技管理公司	73
FR201260058A 2012-10-23	复合材料-基的热塑性制造半结晶的聚酰胺和方法	法国阿科玛公司	68
US13650139A 2012-10-12	功能梯度碳-碳复合材料的制备	LA FOREST MARK L 等人	64
US1978907830A 1976-11-02	复合摩擦元件	AMSTED Industries Incorporated	64

续表

优先权号 优先权日	标题	申请人	被引次数 /次
US60076503 1998-03-02	用结构聚合物覆盖层涂覆基材的方法	BLAZEY JOHN S等人	58
US60298523 2001-06-15	曲线三维纤维增强的复合层压板及其制备方法	JOHNSON DAVID W等人	57
CN201210139083A 2012-05-08	一种热塑性复合材料、制备方法及其应用	合肥杰事杰新材料股份有限公司	55
US2005108340A 2005-04-18	阻燃层压板	HUUSKEN ROBERT W	53
US200869722A 2008-02-12	纤维增强芯板	BRANDON ANTHONY S等人	52

3.1.5.2 同族专利分析

表3-5列举了铁路列车轻量化纤维复合材料技术领域专利家族成员数量较高的专利。这些专利主要来自美国赫氏公司、杜邦公司等复合材料研发巨头。

表3-5 铁路列车轻量化纤维复合材料技术领域高同族专利分析

优先权号 优先权日	标题	申请人	同族成员数 /个
US61410108 2010-11-04	重叠注塑的聚酰胺复合结构及其制备方法	美国杜邦公司	84
GB0622060 2006-11-06	改进的复合材料	美国赫氏公司	42
DE202006009340U 2006-06-14	基板用于高速度轨道是玻璃纤维制成的聚酰胺强化塑料	德国SEIFERT DIETRICH	33
GB0619401 2006-10-02	具有改进性能的预浸渍复合材料	美国赫氏公司	32

续表

优先权号 优先权日	标题	申请人	同族成员数/个
AU2006900786 2006-02-17	制造复合材料的结构和方法	澳洲 RODGERS William	30

3.2 中国专利分析

本章中，对向中国国家知识产权局提出申请的中国专利做进一步分析，共涉及专利家族728项。

3.2.1 中国专利申请基本状况

3.2.1.1 专利年度分布情况

图3-12显示了铁路列车轻量化纤维复合材料技术领域中国专利的申请趋势。由图可知，1999年以前，我国铁路列车轻量化纤维复合材料相关专利较少，仅有42项。主要来自日本的日铁、三菱，美国的塞特工业公司，德国宇航中心等国外机构的零星申请。第一项铁路列车轻量化纤维复合材料中国专利是日本积水化学工业株式会社（SEKISUI CHEM）于1993年在日本申请的“由聚烯烃基料树脂和硅烷改性聚合物组成的泡沫塑料及其制备方法”（JP1993235037A），采用1～20重量份的玻璃纤维有效改进了该泡沫塑料的强度和尺寸稳定性，积水化学以该专利为优先权于1994年进入中国，专利公开号为：CN 1112582 A。2007年之后，铁路列车轻量化纤维复合材料中国专利数量迅猛增长，于2016年达到100项，近年来仍不断有新的企业申请人涌现。

国内机构的相关专利申请起步较晚，2002年上海塑料制品十八厂申请了第一项铁路列车轻量化纤维复合材料专利（CN 1508358 A），涉及在工程级热塑性聚酰胺中加入经过硅烷偶联剂表面预处理的无捻无碱的玻璃纤维制备铁路轨道上专用复合材料，应用于固定铁轨的配件产品，具有高强度、耐剪切力和耐疲劳性,固定铁轨时无污染的特点。2013年中国提出“一带一路”倡议,为中国高铁带来广阔的海外市场,铁路列车轻量化领域也随之得到进一步壮大。浙江省铁路列车轻量化纤维复合材料专利的第一项申请2011年才出现,是由舟山市施中堂提出的个人申请,用于动车组列车上的环保型耐油阻尼减震、阻燃衬垫材料(CN 102675700 A),该专利权已于2018年因未缴年费终止。

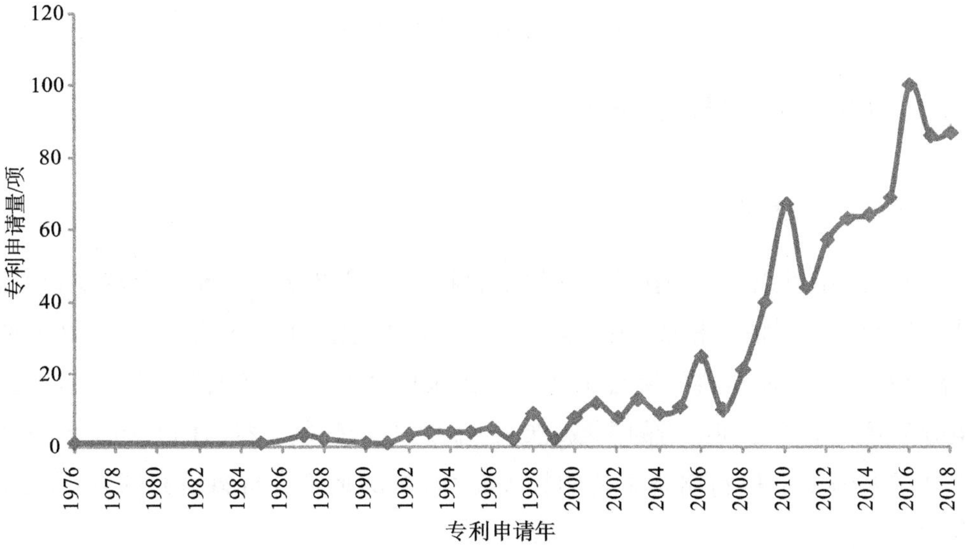

图3-12　铁路列车轻量化纤维复合材料技术领域中国专利申请趋势

3.2.1.2　专利类型分析

由图3-13可以看出,铁路列车轻量化纤维复合材料中国专利主要为发明专利,占比92%,实用新型专利占比8%,可见我国申请人非常重视该领域技术的研发和保护。其中,发明授权225项、发明申请547项,二者比例为1∶2.4;一项发明专利从申请到授权需要2~3年,目前我国铁路列车轻量化纤维复合材料领域中国专利的授权率中等偏高,我国铁路列车轻量化纤维复合材料专利具有一定实力。

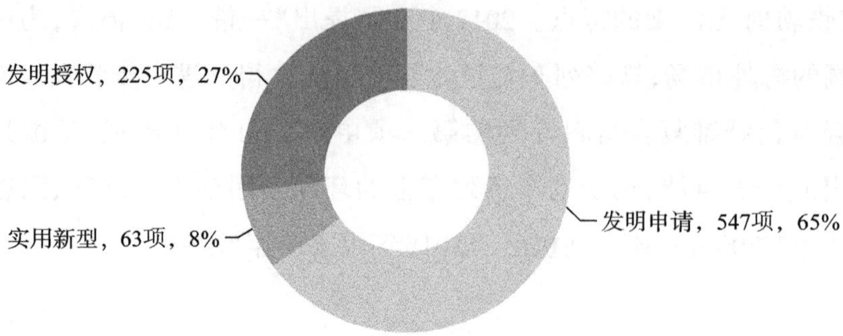

图 3-13　中国专利类型分析

3.2.2　专利技术分析

3.2.2.1　热点技术分析

由表3-6可以看出，中国专利的德温特手工代码分布情况和全球专利德温特手工代码分布情况相似，主要集中在A12S08D（塑料增强用半成品）、A11S09A（特定制品用增强塑料的层合工艺）、A12S08B（玻璃纤维增强塑料半成品）这三组分类号。中国专利申请的领域，涉及下游纤维增强复合材料的专利最多，其次是纤维增强复合材料制备工艺的相关专利，再次是复合材料填充剂、增强剂的专利。

表 3-6　铁路列车轻量化纤维复合材料技术中国专利德温特手工代码分类分析

德温特手工代码	专利数量/项	德温特手工代码分类释义
A12S08D	284	塑料增强用半成品
A11S09A	243	特定制品用增强塑料的层合工艺
A12S08B	192	玻璃纤维增强塑料半成品
A08R01	163	填充料及增强剂
A12S08C	140	特定增强塑料半成品，如碳纤维增强
A12T04D	120	其他模压成型的车用零部件
A11B09C	104	纤维增强塑料的制造、长丝缠绕、拉挤成型工艺
A08R03A	87	碳纤维填充料及增强剂
A12S08F	74	织物增强塑料应用

续表

德温特手工代码	专利数量/项	德温特手工代码分类释义
A11A03	74	预处理，如混合、合成、均质化、调配

图3-14通过Derwent Innovation的ThemeScape专利聚类图分析铁路列车轻量化纤维复合材料领域中国专利的研究热点。与全球专利研发热点同样集中在两大方向：(1)纤维复合材料的结构、成分。主要包括纤维增强树脂、沥青基碳纤维、外皮层、抗氧化等方面，这与全球专利研发热点分布有所不同，未足够重视夹层结构本身和树脂的灵活运用（选型及复配），而这二者是影像复合材料性能的关键因素，这值得国内企业高度重视，应适当调整研发和专利布局策略，可以结合国际铁路列车轻量化纤维复合材料结构与树脂的研发先例，规避研发失败的风险。(2)纤维复合材料的应用。铁路列车轻量化纤维复合材料在卧铺、铁路货车、复合地板、摩擦材料等方面的应用是研究热点，与全球专利研发热点较为接近，但在吸声材料、转向架等方面的专利较少。

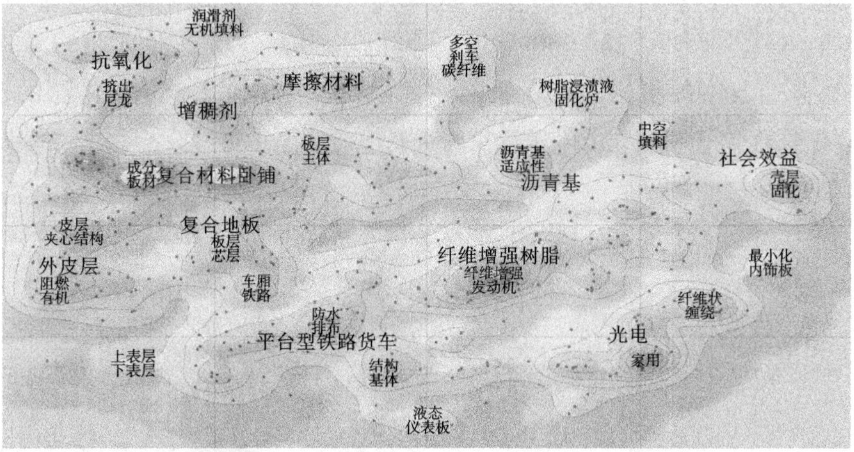

图3-14　中国专利ThemeScape聚类分析

3.2.2.2　纤维类型分析

如图3-15所示，中国专利中，玻璃纤维复合材料的专利最多，达525项，紧随其后的是碳纤维复合材料专利，为497项，然后是芳纶纤维复合材料专利达265

项,玄武岩纤维复合材料专利最少,为87项。

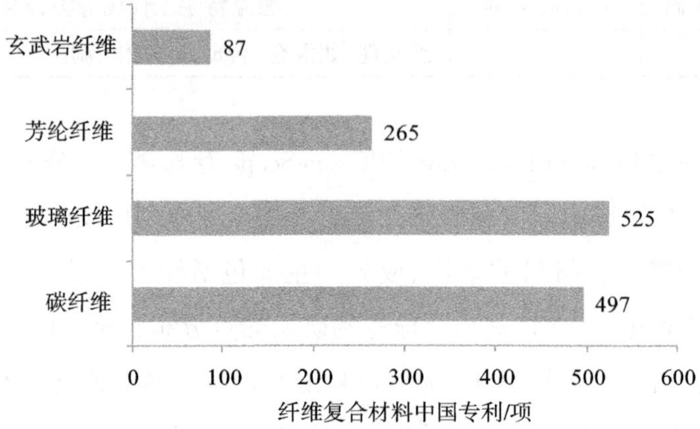

图3-15 铁路列车轻量化纤维复合材料类型分析

3.2.3 专利区域分析

3.2.3.1 中国专利来源区域分布

由图3-16可以看出,在728项中国专利中,有407项来自国内的申请人,占比55.9%;来自国外机构的专利有321项,占比44.1%,其中7.8%来自美国的机构、6.7%来自日本的机构。这表明国外企业和科研单位比较重视中国的铁路列车轻量化纤维复合材料市场,已对我国进行了专利布局。

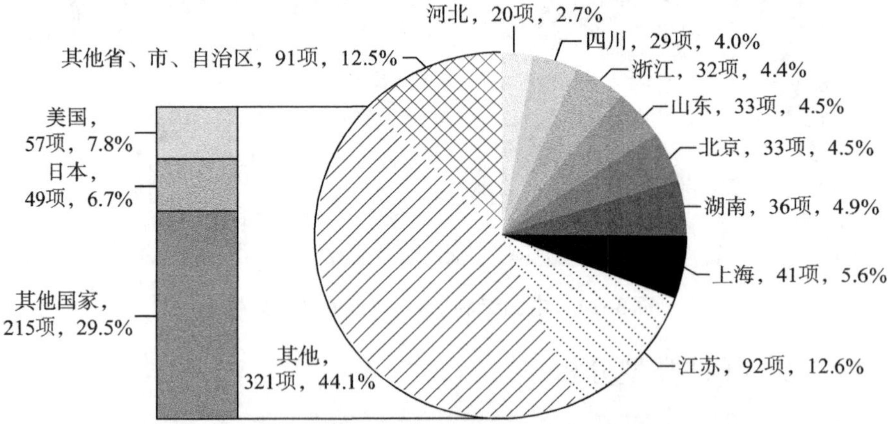

图3-16 铁路列车轻量化纤维复合材料中国专利来源区域分布

在国内省、市、自治区中，专利主要来源于中部、东部和南部沿海和东北地区，其中，江苏在铁路列车轻量化纤维复合材料领域的专利申请量遥遥领先，为92项，占比12.6%，其次是上海、湖南，分别为41项和36项，占比5.6%和4.9%，处于第二梯队；随后是北京（33项）、山东（33项）、浙江（32项）、四川（29项）和河北（20项）；其他省、市、自治区的相关专利则较少，均不超过20项。

3.2.3.2 主要来源地区专利技术布局分析

由图3-17可知，在铁路列车轻量化领域，国外在华专利大部分布局在碳纤维复合材料、玻璃纤维复合材料和芳纶复合材料技术，以碳纤维复合材料的专利最多，玄武岩纤维复合材料的专利则很少；而国内企业和科研机构在铁路列车轻量化纤维复合材料技术方面大部分专利集中在玻璃纤维复合材料方面，随后依次是碳纤维复合材料、芳纶复合材料和玄武岩纤维复合材料，这与国外在华专利的技术布局不同。进一步分析6个主要省市专利技术布局情况（见图3-7）发现，主要省市中，玻璃纤维复合材料和碳纤维复合材料专利申请量最大的都是江苏省，芳纶复合材料和玄武岩纤维复合材料领域专利申请量最大的是上海市。

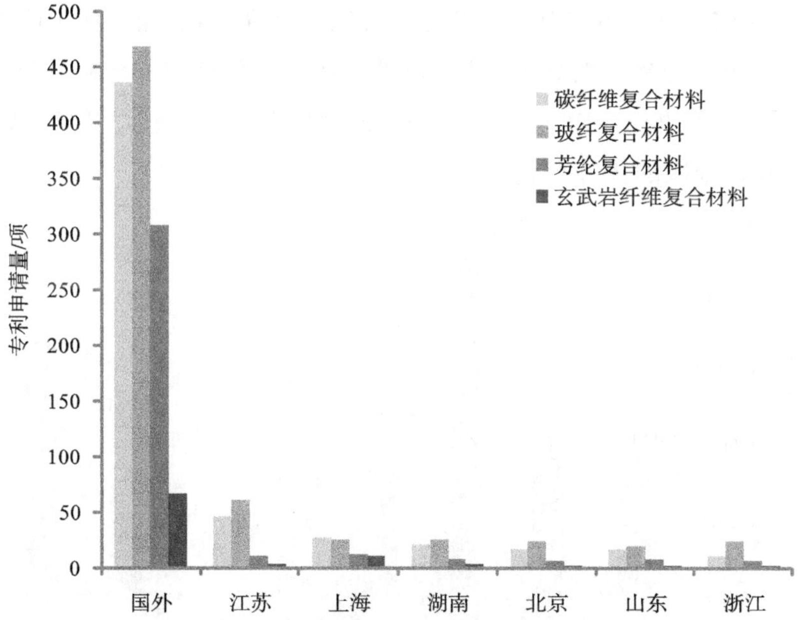

图3-17 主要来源地区技术布局分析

浙江省的排名第六，在四个领域的专利申请量分别为玻璃纤维复合材料23项、碳纤维复合材料10项、芳纶复合材料6项、玄武岩纤维复合材料2项，从来源地区看，8个地市有布局，主要集中在东部、北部地区，超过5项专利申请的地市有3家，依次为宁波（10项）、嘉兴（8项）和杭州（6项）。

3.2.3.3 主要省市专利聚集度分析

以铁路列车轻量化纤维复合材料专利较多的国内主要省市为对象，提取出各省市在铁路列车轻量化纤维复合材料领域中的专利申请量，另外，分别检索各地区全时段的各领域专利申请总量。产业聚集度等于某地区在铁路列车轻量化纤维复合材料产业领域的专利申请量与该地区在各产业领域的专利申请总量之比，结果如图3–18所示。专利申请量排名第3的湖南，在铁路列车轻量化纤维复合材料专利产业聚集度指标上位列第1；专利申请量排名第8的安徽，在专利产业聚集度指标上位列第2，专利申请量排名第2的上海、第7的四川，在专利产业聚集度指标上并列第3位，专利申请量排名第1的江苏在专利产业聚集度指标上仅位列第4。浙江在专利数量上排名第6，在专利产业聚集度指标上位列第7，在前8省市中排名靠后，不仅落后于江苏、上海、湖南和北京，而且低于该领域专利量较少的四川和安徽。说明浙江省在铁路列车轻量化纤维复合材料产业中的研发投入力度不强，既定的产业资源布局不能够使铁路列车轻量化纤维复合材料产业成为这些地区的优势产业。

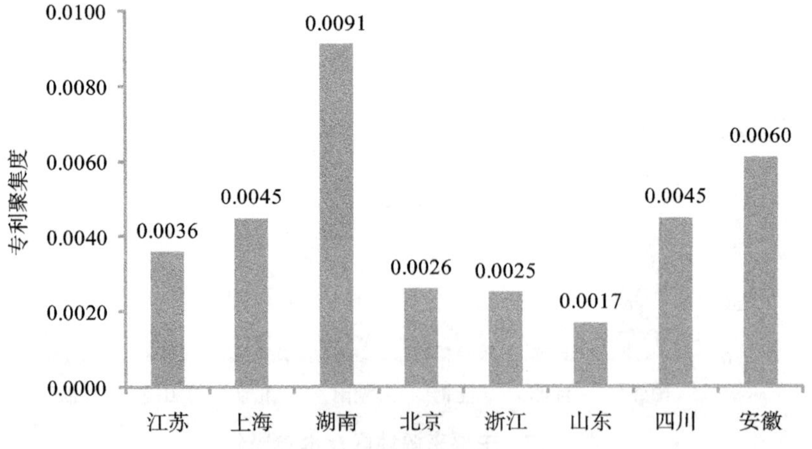

图3–18 主要省市铁路列车轻量化纤维复合材料产业专利聚集度

3.2.4 专利申请人分析

3.2.4.1 申请人类型分析

从专利申请人类型分析（见图3-19），来自企业申请的铁路列车轻量化纤维复合材料专利数量最多，有322项，占比74%；其次是大专院校，有51项，占比12%；个人申请41项、科研单位20项，各占比9%、5%。这说明我国企业在铁路列车轻量化纤维复合材料技术领域的研发实力较强；也提示我国高校院所在该技术领域的科研投入有待提高。

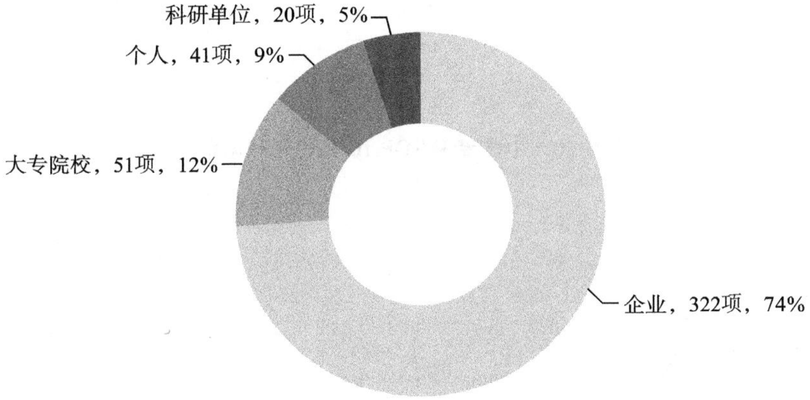

图3-19　中国专利申请人类型分析

3.2.4.2 主要专利申请人

图3-20和图3-21分别展示了铁路列车轻量化纤维复合材料中国专利的TOP 10国外专利申请人和TOP 10国内申请人。中国专利中，专利数量较多的申请人主要来自国外的企业和研究机构。美国杜邦（38项）、法国阿克马（28项），位列首位和次位，与其后的日本东丽（11项）、美国波音（11项）、沙特基础（7项）、日本帝人（7项）等拉开一定距离。这说明国外企业十分重视中国市场，早已在我国开展了专利布局；也说明我国在该领域的研发基础还是比较薄弱，国内企业需重点关注上述外国公司在国内的专利申请动向。

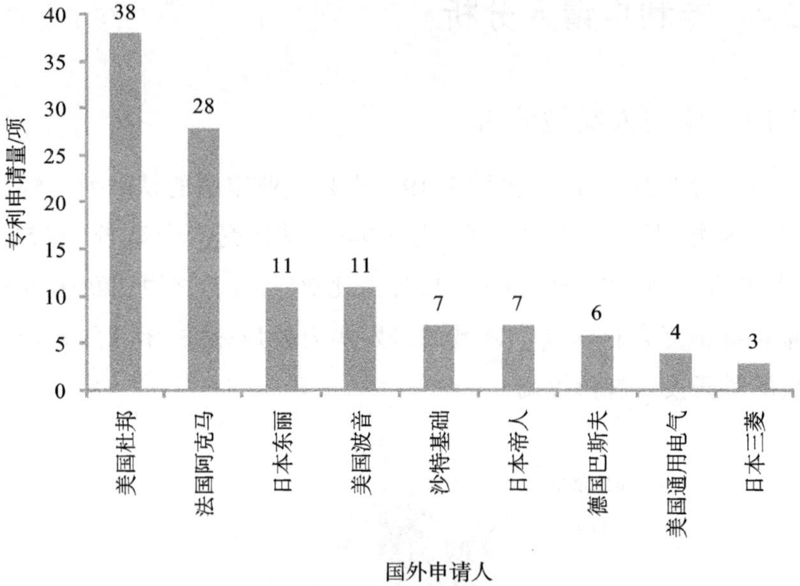

图3-20　中国专利TOP 10国外专利申请人

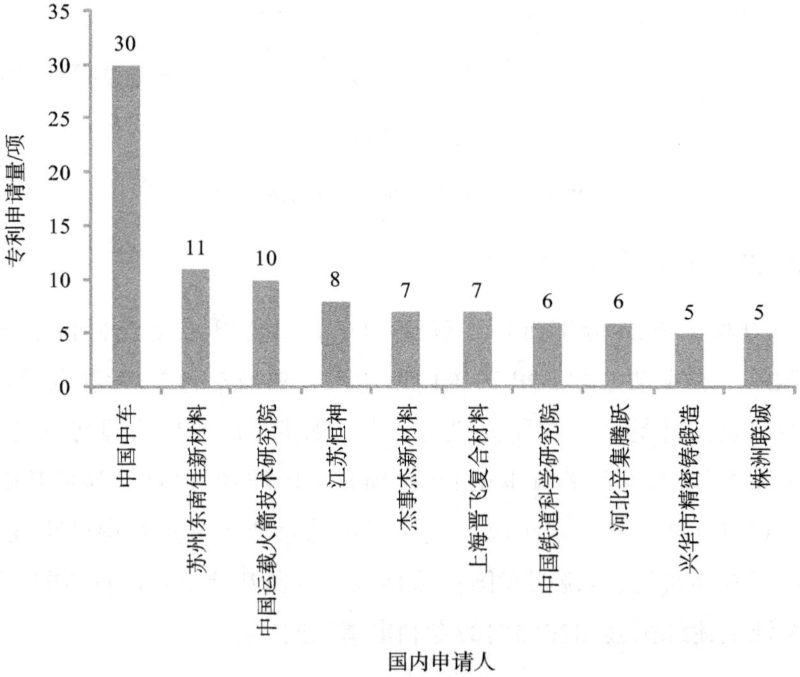

图3-21　中国专利TOP 10国内专利申请人

从国内机构来看，中国中车以30项专利申请成为国内申请人领跑者，仅次于美国杜邦在华专利数量；第二梯队包括苏州东南佳新材料、中国运载火箭技术研究院和江苏恒神，分别有11项、10项、8项专利。TOP 10机构中包括了中国中车、中国运载火箭技术研究院、中国铁道科学研究院3家央企和高校院所，以及4家来自江苏、上海的企业。这从一个侧面反映了在铁路列车轻量化纤维复合材料领域，国有机构发挥了重要作用；而苏南和上海作为长三角经济中心，也具有较强的研发能力。中国专利TOP 50申请人中，浙江省仅有宁波华缘玻璃钢电器制造有限公司1家。

3.2.4.3　国外企业在华专利布局分析

本小节对国外主要企业在中国铁路列车轻量化纤维复合材料的专利申请做进一步研究。国内企业可关注这些重点专利，防止侵权风险，并适时采取有效的专利布局应对战略。

3.2.4.3.1　美国杜邦公司在华专利布局

杜邦公司在我国进行了大量的专利布局，申请了38项铁路列车轻量化纤维复合材料相关专利，部分专利如表3-7所示，其专利聚类分析如图3-22所示。把这些专利要求保护的主题进行分类标引，发现共涉及5大主题：(1)复合材料重叠注塑技术；(2)功能性助剂；(3)复合材料结构；(4)树脂体系；(5)纤维织物。

表3-7　美国杜邦公司在华专利布局分析

序号	标题	纤维类型及结构	用途	同族专利/个	被引次数/次	申请号	申请日期
1	重叠注塑的聚酰胺复合结构及其制备方法	由玻璃纤维、碳纤维、芳族聚酰胺纤维、天然纤维，	重叠注塑的复合结构，可应用于车用座椅组件和座椅框架、仪表板、压力容器等	84	44	CN201180051274.8	2011年10月27日
2	聚酰胺复合结构及其制备方法			28	22	CN201080020946.4	2010年5月10日

续表

序号	标题	纤维类型及结构	用途	同族专利/个	被引次数/次	申请号	申请日期
3	重叠注塑的耐热聚酰胺复合结构及其制备方法	或它们的混合物制成非织造结构、纺织品、纤维絮以及它们的组合，经用聚酰胺树脂组合物浸渍制备	重叠注塑的复合结构，可应用于车用座椅组件和座椅框架、仪表板、压力容器等	14	30	CN201080044173.3	2010年7月30日
4	聚酰胺复合结构及其制备方法			14	15	CN201080068155.9	2010年8月18日
5	耐热半芳族聚酰胺复合结构及其制备方法			12	8	CN201080034021.5	2010年7月30日
6	耐热聚酰胺复合结构及其制备方法			11	16	CN201080034024.9	2010年7月30日
7	聚酰胺复合结构及其制备方法			11	0	CN201180038778.6	2011年8月8日
8	结构用芯材	由多层碳纳米管非织造纤维网涂覆基质树脂制成的高强度芯结构。芯结构可以为蜂窝结构或折叠芯材的形式	可用于制造具有黏结到芯结构的至少一个外表面上的面板的结构化复合板。用于航空器、火车和轮船的结构	11	2	CN201280063055.6	2012年12月18日
9	聚酰胺复合结构以及它们的制备方法	由玻璃纤维、碳纤维、芳族聚酰胺纤维、天然纤维等制成纺织品，经聚酰胺树脂组合物浸渍制备	重叠注塑的复合结构，可应用于车用座椅组件和座椅框架、仪表板、压力容器等	10	15	CN201080068166.7	2010年8月18日

续表

序号	标题	纤维类型及结构	用途	同族专利/个	被引次数/次	申请号	申请日期
10	具有改进的抗冲击强度的复合层合物及其制备方法和用途	至少一层对位芳纶无纺薄毡夹在两层碳纤维织物层之间，浸渍环氧树脂固化而成	汽车、船舶、火车、磁悬浮列车及飞机中的制品或部件	10	16	CN201110317035.4	2011年10月14日

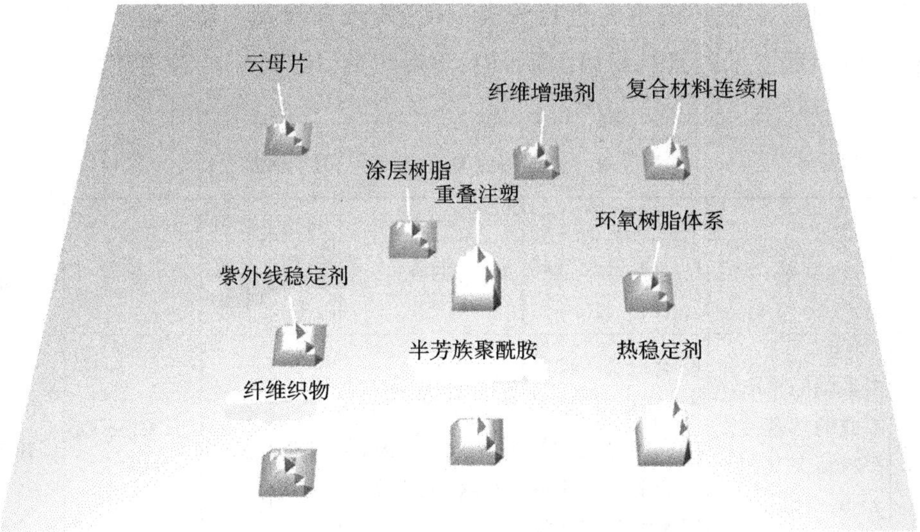

图3-22　杜邦公司在华专利聚类分析

该公司在华专利布局具有以下特点：(1)重叠注塑的技术方案多。该公司通过选配不同类型树脂与玻璃纤维、碳纤维等的多种类型织物配合，解决复合结构界面黏附性不良导致的力学性能降低、过早老化以及制品分层等问题。重叠注塑属于传统多材料注塑技术的一种，不仅可以创造“柔感表面”，还可以将两种或多种不同特性的材料结合在一起，提高产品功能和价值，在复合材料领域具有较大的潜在应用空间，可见该公司科研实力雄厚，对中国市场极为重视。(2)重视树脂体系的选配。该公司在华专利多涉及采用共混树脂体系，尤其是聚酰胺类树脂。(3)广泛布局功能性助剂提升复合材料性能，涉及利用热稳定剂提高黏结强度、紫外线稳定剂提高抗老化性、纤维增强剂提高阻尼性、云母片实现无损浅色制品等。(4)布局大部分在产业链中游。专利产品均为复合材料半成品，预期应用涉及汽车、船舶、火车、飞机等多个领域。(5)80%以上的在华专利布局在2009—2013年，2013—2018年布局极少。

3.2.4.3.2　法国阿克马在华专利布局

法国阿克马在我国进行了大量的专利布局，申请了28项铁路列车轻量化纤维复合材料相关专利，部分专利如表3-8所示，其专利聚类分析如图3-23所示。把这些专利要求保护的主题进行分类标引，发现共涉及4大主题：(1)聚酰胺树脂体系(12项)；(2)纤维基材(10项)；(3)丙烯酸类(10项)；(4)预浸渍技术(6项)。

表3-8　法国阿克马在华专利布局分析

序号	标题	纤维类型及结构	用途	同族专利/个	被引次数/次	申请号	申请日期
1	由半结晶聚酰胺制成的热塑性复合材料及其制造方法	玻璃纤维、碳纤维、陶瓷纤维、芳纶纤维，或它们的混合物，基体采用聚酰胺聚合物	机动车辆工业、铁路工业、海洋(海运)工业等	18	93	CN201380067595.6	2013年10月21日
2	经由热塑性(甲基)丙烯酸树脂的原位聚合产生的复合材料及其用途	玻璃纤维、碳纤维、天然纤维、合成纤维或其混合物制备的纤维材料作为强化物，聚合物热塑性(甲基)丙烯酸作为基体，形成的二维宏观结构	汽车零件、船舶零件、火车零件、运动制品、飞机或直升机零件等	15	66	CN201280063248.1	2012年10月19日

续表

序号	标题	纤维类型及结构	用途	同族专利/个	被引次数/次	申请号	申请日期
3	多层复合材料组合物、其制造方法及由其得到的制品	包括(甲基)丙烯酸类聚合物表面,基于聚合物复合材料的(甲基)丙烯酸类基质和玻璃纤维、碳纤维或其混合物制成的纤维状材料作为增强物的底材层	汽车部件、轮船部件、火车部件等	12	6	CN201480015418.8	2014年1月15日
4	由半结晶聚酰胺制成的热塑性复合材料及其制造方法	玻璃纤维、碳纤维、陶瓷纤维、芳纶纤维或其混合物,基体半结晶聚酰胺聚合物	机动车、电气和电子、铁路、海运(海事)和风力领域等	12	9	CN201580032117.0	2015年4月14日
5	在流化床中制造用热塑性聚合物预浸渍的纤维材料的方法	碳纤维、玻璃纤维、碳化硅纤维、玄武岩纤维等,基体为热塑性聚芳醚酮聚合物,铁路运输复合材料部件	铁路运输复合材料部件	11	1	CN201780012501.3	2017年12月20日
6	用呈干粉末形式的热塑性聚合物预浸渍的纤维材料的制造方法	纤维材料由玻璃纤维或碳纤维组成,热塑性聚芳醚酮聚合物,还包括碳质填料,浸渍步骤通过粉末沉积、流化床或喷嘴喷射进行	铁路复合材料部件	11	1	CN201780078449.1	2017年12月20日

续表

序号	标题	纤维类型及结构	用途	同族专利/个	被引次数/次	申请号	申请日期
7	用粉末形式的热塑性聚合物预浸渍的纤维材料的制造方法	纤维材料由玻璃纤维或碳纤维组成，热塑性聚芳醚酮聚合物，还包括碳质填料，浸渍步骤通过粉末沉积、流化床或喷嘴喷射进行	铁路复合材料部件	9	3	CN201780078007.7	2017年12月20日
8	用于浸渍纤维基材的液体（甲基）丙烯酸类浆料、浸渍纤维基材的方法、在聚合预浸渍基材后获得的复合材料	玻璃纤维和碳纤维等纤维基材，用于浸渍的液体（甲基）丙烯酸类浆料	机动车辆部件、船部件、火车部件等	8	16	CN201480026478.X	2014年3月10日
9	用（甲基）丙烯酸系混合物浸渍纤维基材的方法、所述（甲基）丙烯酸系混合物的组合物和聚合所述（甲基）丙烯酸系混合物后制得的复合材料	玻璃纤维（尤其是E型、R型或S2型）、碳纤维、硼纤维或二氧化硅纤维基材，用液体（甲基）丙烯酸系混合物浸渍	汽车部件、船只部件、火车部件等	7	8	CN201580076635.2	2015年12月22日

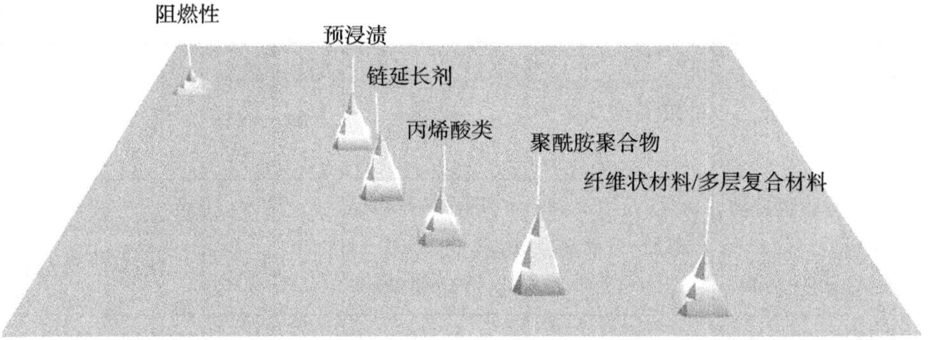

图3-23 法国阿克马在华专利聚类分析

该公司在华专利布局具有以下特点:(1)树脂体系选配的布局多,涉及热塑性(甲基)丙烯酸树脂,或热塑性半结晶聚酰胺基体,或与其他混配的树脂体系。(2)纤维基材类型多,涉及采用玻璃纤维、碳纤维、芳纶纤维、玄武岩纤维等多种类型纤维或它们的混合物制备增强物。(3)重视布局预浸渍技术。布局了流化床、干粉末等多种形式的纤维材料预浸渍技术。(4)在华专利均为2008—2018年布局,且75%分布在2013—2018年,可见该机构近年来对中国市场十分重视。

3.2.4.3.3 日本东丽株式会社在华专利布局

日本东丽株式会社在我国的专利布局也比较多,申请了11项铁路列车轻量化纤维复合材料相关专利,部分专利如表3-8所示,其专利聚类分析如图3-24所示。把这些专利要求保护的主题进行分类标引,发现共涉及两大主题:(1)树脂体系;(2)纤维基材。

表3-9 日本东丽公司在华专利布局分析

序号	标题	纤维类型及结构	用途	同族专利/个	被引次数/次	申请号	申请日期
1	预浸料坯、纤维增强复合材料及纤维增强复合材料的制造方法	玻璃纤维、Kevlar纤维、碳纤维、石墨纤维,或硼纤维等,优选碳纤维	铁路车辆构件	14	10	CN201280011819.7	2012年3月30日

续表

序号	标题	纤维类型及结构	用途	同族专利/个	被引次数/次	申请号	申请日期
2	环氧树脂组合物、预浸料坯及纤维增强复合材料	碳纤维,环氧树脂	铁路用车等移动物体的结构材料、传动轴、板簧	13	3	CN201480041829.4	2014年7月24日
3	预浸料坯及纤维增强复合材料	碳纤维	车外板,电子电气部件框体	12	17	CN201280014282.X	2012年3月22日
4	纤维强化复合材料RTM成型用环氧树脂组合物、纤维强化复合材料及其制造方法	碳纤维,环氧树脂	铁道车辆、船舶、汽车等的结构部件或外板等	11	11	CN201280004009.9	2012年1月20日
5	苯并噁嗪树脂组合物、预浸料坯和纤维增强复合材料	碳纤维,苯并噁嗪树脂组合物	铁路车辆结构性元件、传动轴、板簧、风车叶片、压力容器和飞轮	11	11	CN201380023507.2	2013年6月27日

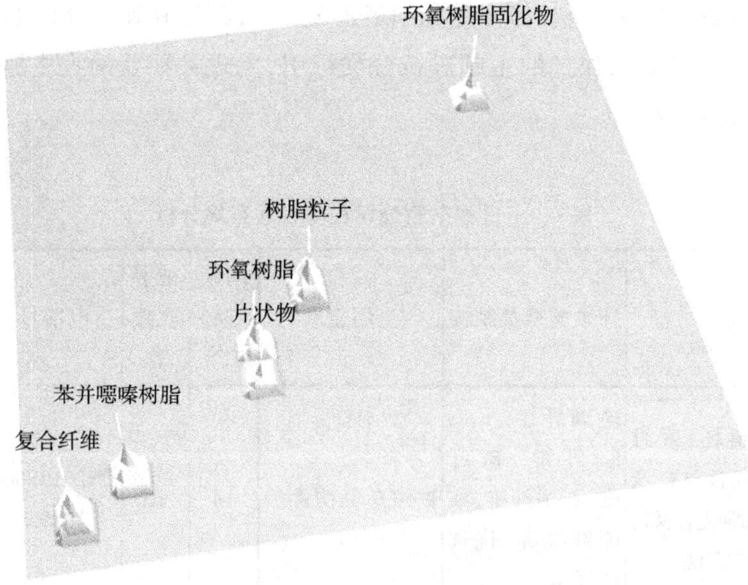

图3-24 日本东丽公司在华专利聚类分析

该机构在华专利布局具有以下特点:(1)预浸用树脂体系的布局多,涉及环氧树脂、苯并噁嗪树脂的选配,以及树脂熔融、固化的相关技术。(2)布局了纤维基材,大部分采用碳纤维制备的片状材料作为增强物。(3)在华专利基本为2008—2018年布局,且50%分布在2013—2018年。

3.2.4.3.4　美国波音公司在华专利布局

美国波音公司在我国的专利布局也比较多,申请了11项铁路列车轻量化纤维复合材料相关专利,部分专利如表3-10所示,其专利聚类分析如图3-25所示。把这些专利要求保护的主题进行分类标引,发现共涉及3大主题:(1)加筋件、复合用黏合膜(5项);(2)应用场景(5项);(3)注塑模制技术(3项)。

该公司在华专利布局具有以下特点:(1)重视复合材料结构的布局,涉及加筋件、黏合膜等复合材料部件。(2)应用终端的布局较多,主要涉及安定面抗扭翼盒组件、加筋压力腹板、埋塑嵌件等。(3)布局了注塑模制技术。(4)在华专利基本为近10年布局,且60%分布在2013—2018年。

表3-10　美国波音公司在华专利布局分析

序号	标题	纤维类型及结构	用途	同族专利/个	被引次数/次	申请号	申请日期
1	复合材料帽形加筋件、复合材料帽形加筋压力腹板及其制造方法	由碳纤维增强塑料(CFRP)带组成的多个帽型部分复合材料层片	火车、汽车等或具有复合材料帽型加筋压力腹板的结构	22	44	CN201310251520.5	2013年6月24日
2	导电棉麻织物嵌埋的结构性黏合膜	黏合膜与碳纤维增强塑料元件复合	车用燃料箱或单元	18	94	CN200880113066.4	2008年8月21日
3	安定面抗扭翼盒组件和方法	玻璃纤维	火车等交通工具的水平和竖直安定面抗扭翼盒组件	16	21	CN201280045408.X	2012年7月19日

续表

序号	标题	纤维类型及结构	用途	同族专利/个	被引次数/次	申请号	申请日期
4	蜂窝状结构的结构性插件	玻璃纤维,或碳纤维,或对位芳纶合成纤维	火车结构性插件	12	7	CN201410443459.9	2014年9月2日
5	用于纤维增强热塑性复合材料结构的埋塑嵌件以及方法	碳纤维	火车用复合材料结构和部件的埋塑嵌件	11	17	CN201280036345.1	2012年6月13日

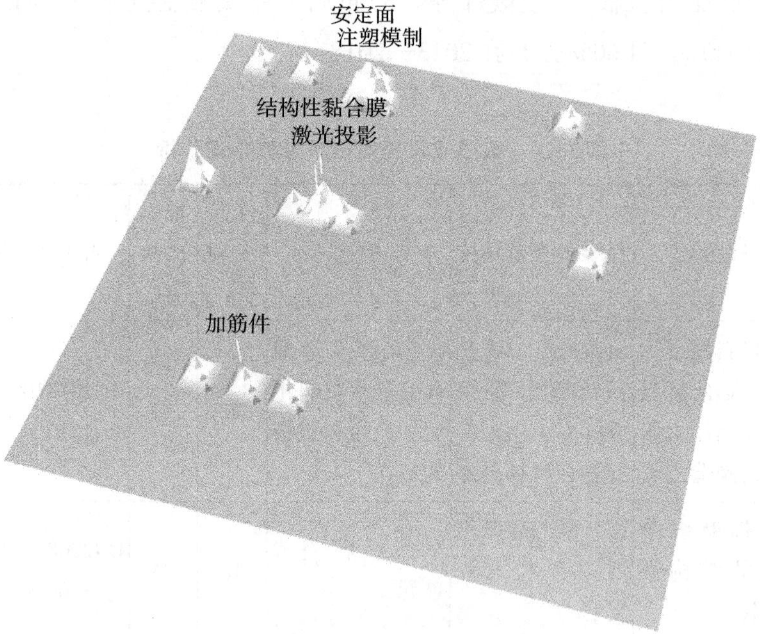

图3-25　波音公司在华专利聚类分析

3.2.4.3.5　沙特基础工业公司在华专利布局

沙特基础工业公司在我国申请了7项铁路列车轻量化纤维复合材料相关专

利，部分专利如表3-11所示。把这些专利要求保护的主题进行分类标引，发现共涉及两大主题：(1)纤维材料；(2)应用终端。

表3-11 沙特基础工业公司在华专利布局分析

序号	标题	纤维类型及结构	用途	同族专利/个	被引次数/次	申请号	申请日期
1	加强的热塑性物品、用于制造该物品的组合物、制造方法和由其形成的物品	玻璃纤维、碳纤维、玄武岩纤维等，聚砜纤维和聚合黏合剂纤维	所述物品是轨道车辆、海上交通工具或飞机的内部组件	9	2	CN201380013737.0	2013年3月6日
2	具有低烟雾和低放热的火车内部组件及其制造方法	玻璃纤维，聚碳酸酯组合物	火车内部组件，包括座椅组件、挤出或模制的火车内部包层、桌子托盘、头枕、扶手、脚踢板等	8	28	CN201580003000.X	2015年1月14日
3	增强热塑性制品、用于制造制品的组合物、制造方法及由其形成的制品	玻璃纤维、碳纤维、玄武岩纤维等，聚砜纤维和聚合黏合剂纤维	火车内部部件	5	1	CN201680008622.6	2016年2月4日
4	符合铁路运输内饰标准的热塑性复合材料	玻璃纤维、碳纤维、芳香族聚酰胺纤维、玄武岩纤维等或其组合，优选玻璃纤维	铁路运输内侧板	5	0	CN201880003831.0	2018年5月11日
5	高热复合材料组合物、制品及其用途	碳纤维，环氧树脂预浸料	铁路部件	5	0	CN201780058206.1	2017年3月10日

沙特基础工业公司在华专利布局具有以下特点：(1)大部分是对火车内部组件的布局。包括内侧板、座椅组件，挤出或模制的火车内部包层、桌子托盘、头枕、扶手、脚踢板等。(2)纤维类型较多。涉及玻璃纤维、碳纤维、玄武岩纤维、聚砜纤维等。(3)在华专利基本为2008—2018年布局，且50%分布在2013—2018年。

3.2.4.4 国内机构专利布局分析

本小节对国内主要企业和研发机构在本国铁路列车轻量化纤维复合材料的专利申请作进一步研究，并与国外企业在华专利布局情况作对比分析。国内相关研发机构可关注这些重点专利，防止侵权风险，并适时采取有效的专利布局应对战略。

3.2.4.4.1 中国中车中国专利布局

中国中车股份有限公司(中文简称"中国中车"，英文简称缩写"CRRC")是经国务院同意，国务院国资委批准，由中国北车股份有限公司、中国南车股份有限公司按照对等原则合并组建的A+H股上市公司，是全球规模领先、品种齐全、技术一流的轨道交通装备供应商。产品以高速动车组、大功率机车、铁路货车、城市轨道车辆为代表，发展方向是成为以轨道交通装备为核心，跨国经营、全球领先的高端装备系统解决方案供应商。

中国中车在国内申请了30项铁路列车轻量化纤维复合材料相关专利，最早的一项申请在2011年(表3-12)。把这些专利要求保护的主题进行分类标引(图3-26)，主要涉及"复合材料制备方法""树脂体系"和"纤维材料"3大主题。

表3-12　中国中车专利布局分析

序号	标题	纤维类型及结构	用途	同族专利/个	被引次数/次	申请号	申请日期
1	一种纤维增强复合板及其制备方法和应用	连续玻璃纤维或连续碳纤维，聚氨酯、环氧树脂或不饱和聚酯	铁路平车地板	2	1	CN201610922207.3	2016年10月21日

续表

序号	标题	纤维类型及结构	用途	同族专利/个	被引次数/次	申请号	申请日期
2	一种复合型摩擦板及其制备方法	玻璃纤维布增强酚醛树脂	火车摩擦板	2	2	CN201410001915.4	2014年1月3日
3	一种复合材料车辆抗侧滚扭杆及其制备方式	碳纤维增强环氧树脂，玻璃纤维增强环氧树脂	轨道交通车辆用抗侧滚扭杆装置	2	1	CN201510724528.8	2015年11月2日
4	轨道车辆司机室地板及其制造方法	玻璃纤维增强环氧树脂板	轨道车辆司机室地板	2	0	CN201810415411.5	2018年5月3日
5	一种高速列车用设备舱裙板及其制备方法	碳纤维、超高分子量聚乙烯纤维，环氧树脂	高速列车设备舱裙板	2	0	CN201810989636.1	2018年8月28日
6	轨道车辆玻璃钢窗口墙板结构	玻璃纤维复合材料	轨道车辆窗口墙板	1	2	CN201120064439.2	2011年3月11日
7	一种铁路平车用复合材料地板	玻璃纤维增强的聚氨酯发泡结构	铁路平车地板	1	2	CN201621147712.7	2016年10月21日
8	中低速磁悬浮车辆裙板	聚酯玻璃钢	中低速磁悬浮车辆裙板	1	4	CN201020570356.6	2010年10月21日
9	铁路棚车复合地板	玻璃纤维增强聚氨酯复合材料	铁路棚车复合地板	1	3	CN201420631825.9	2014年10月28日
10	一种轨道车辆芳纶蜂窝侧顶板及其制备方法	芳纶，阻燃环氧树脂	轨道车辆侧顶板	1	2	CN201610863646.1	2016年9月29日

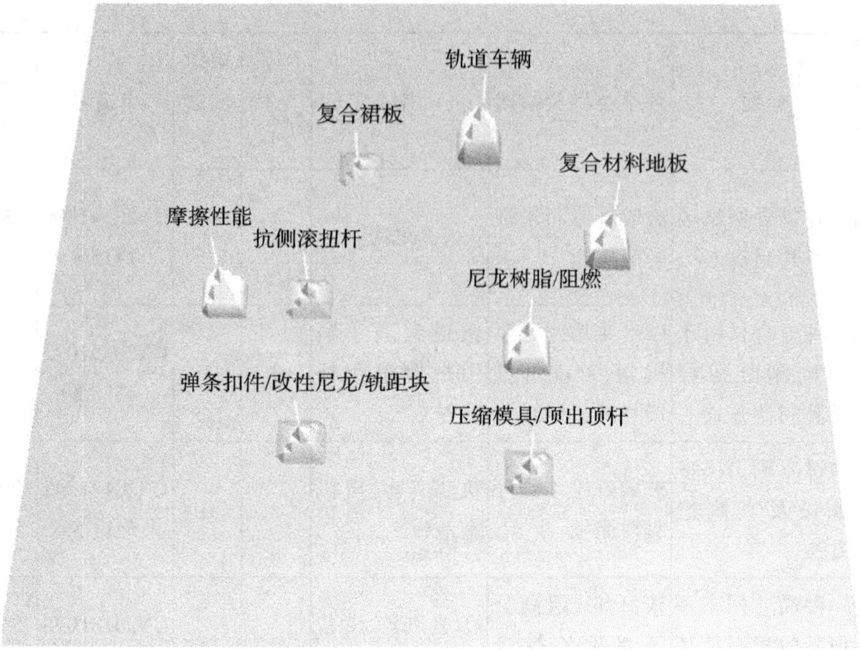

图3-26　中国中车国内专利聚类分析

该单位的专利布局具有以下特点：(1)铁路车用的板状复合材料的方案多，涉及车用地板、裙板、墙板、顶板、摩擦板；(2)树脂体系类型较多，涉及聚氨酯体系、酚醛树脂体系、环氧树脂。(3)每项专利都有非常明确、具体的应用终端。(4)73%的中国专利布局在2013—2018年。

3.2.4.4.2　苏州东南佳新材料股份有限公司中国专利布局

苏州东南佳股份有限公司，1988年起源于浙江省温州市(乐清市东南电碳厂)，是专业研发、生产电机用及轨道交通用碳材料企业，是中国电碳协会副理事长单位和中国汽车零部件协会的理事单位，主要研发、生产和销售受电弓碳滑板、机车电刷等铁路用碳材料。2013年，通过原铁道部CRCC认证，2015年占领中国铁路机车(时速160km以下)碳滑板市场半壁江山。

苏州东南佳股份有限公司在国内进行了较多的铁路列车轻量化纤维复合材料专利布局，共有9项相关专利，最早的一项申请在2014年(见表3-13)。把这些专利要求保护的主题进行分类标引，发现主要涉及“复合材料制备方法”和“纤维材料”两大主题。

表3-13 苏州东南佳专利布局分析

序号	标题	纤维类型及结构	用途	同族专利/个	被引次数/数	申请号	申请日期
1	加强的热塑性物品、用于制造该物品的组合物、制造方法和由其形成的物品	玻璃纤维、碳纤维、玄武岩纤维等，聚砜纤维和聚合黏合剂纤维	所述物品是轨道车辆、海上交通工具或飞机的内部组件	9	2	CN201380013737.0	2013年3月6日
2	具有低烟雾和低放热的火车内部组件及其制造方法	玻璃纤维，聚碳酸酯组合物	火车内部组件，包括座椅组件、挤出或模制的火车内部包层、桌子托盘、头枕、扶手、脚踢板等	8	28	CN201580003000.X	2015年1月14日
3	增强热塑性制品、用于制造制品的组合物、制造方法及由其形成的制品	玻璃纤维、碳纤维、玄武岩纤维等，聚砜纤维和聚合黏合剂纤维	火车内部部件	5	1	CN201680008622.6	2016年2月4日
4	符合铁路运输内饰标准的热塑性复合材料	玻璃纤维、碳纤维、芳香族聚酰胺纤维、玄武岩纤维等或其组合，优选玻璃纤维	铁路运输内侧板	5	0	CN201880003831.0	2018年5月11日
5	高热复合材料组合物、制品及其用途	碳纤维，环氧树脂预浸料	铁路部件	5	0	CN201780058206.1	2017年3月10日

该公司的专利布局具有以下特点：(1)纤维材料配置的方案多，如涉及玻璃纤维、碳纤维、玄武岩纤维等与聚砜纤维、聚合黏合剂纤维组合使用。(2)铁路车

用内饰件的布局较多，涉及火车座椅组件、内部包层、桌子托盘、头枕、扶手、脚踢板等。(3)90%的中国专利布局在2013—2018年。

3.2.4.4.3 中国运载火箭技术研究院中国专利布局

中国运载火箭技术研究院（又名中国航天科技集团有限公司第一研究院，以下简称研究院），成立于1957年11月16日，隶属于中国航天科技集团有限公司，是中国航天事业的发祥地，是我国历史最久、规模最大的导弹武器和运载火箭研制、试验和生产基地，共有10项相关专利（见表3-14），把这些专利要求保护的主题进行分类标引，全部涉及“树脂体系”和“纤维材料”两大主题。

表3-14 中国运载火箭技术研究院专利布局分析

序号	标题	纤维类型及结构	用途	同族专利/个	被引次数/次	申请号	申请日期
1	一种阻燃环氧预浸料复合材料及其制备方法和用途	玻璃纤维单向带、玻璃纤维布、碳纤维单向带或碳纤维布，环氧树脂基体	高铁等领域复合材料	2	31	CN201210211454.4	2012年6月18日
2	一种高韧性阻燃酚醛预浸料复合材料及其制备方法和用途	玻璃纤维单向带、玻璃纤维布、碳纤维单向带或碳纤维布，酚醛树脂，溴/锑系阻燃剂，橡胶类增韧剂	高速列车天花板和侧壁板等内装饰部件	2	12	CN201210211451.0	2012年6月18日
3	一种耐冲击、防火的玻璃纤维增强酚醛板材及其制备方法	玻璃纤维，酚醛树脂基体，层合结构	高铁货舱内部装饰用衬板	2	7	CN201510672385.0	2015年10月16日

续表

序号	标题	纤维类型及结构	用途	同族专利/个	被引次数/次	申请号	申请日期
4	一种轨道交通车辆车体裙板结构及其成型方法	碳纤维、玻璃纤维或有机纤维为增强纤维，无卤阻燃环氧树脂、苯并噁嗪树脂或酚醛树脂为基体，结构包括外蒙皮层、蜂窝芯层、内蒙皮层及支撑框架	轨道交通车辆车体裙板	2	2	CN201710712196.0	2017年8月18日
5	一种无卤阻燃低烟低毒热熔酚醛预浸料的制备方法	玻璃纤维、石英纤维或碳纤维的缝编织物，固体酚醛树脂与液体环氧树脂混合树脂体系	高铁等交通运输工具用内饰及结构复合材料	2	0	CN201710633658.X	2017年7月28日
6	一种双面斜纹立体结构玻璃纤维织物及制备复合材料的方法	高强型玻璃纤维纱与无碱型玻璃纤维纱编织的双面斜纹立体织物，改性的氢氧化钡催化酚醛树脂	高铁舱内装饰	2	0	CN201610268261.0	2016年4月27日
7	一种具有浅色及高质量表面效果的酚醛玻璃纤维预浸料及其制备方法	玻璃纤维织物，改性酚醛树脂	高铁等轨道客车车厢	2	0	CN201610262286.X	2016年4月25日

该单位的专利布局具有以下特点：(1)纤维材料配置的方案多，以玻璃纤维为主要材料，也涉及碳纤维，采用了纤维单向带、纤维布、缝编织物、双面斜纹立体织物等多种形式作为增强体。(2)每项专利都有非常明确、具体的应用终端，集中在内饰件、裙板等方面。(3)90%的中国专利布局在2013—2018年。

3.2.4.4.4　江苏恒神股份有限公司中国专利布局

江苏恒神股份有限公司是一家拥有自原丝、碳纤维、上浆剂、织物、树脂、预浸料到复合材料制品的全产业链企业，年产碳纤维5000t、年产多种规格的织物和预浸料1500万m^2、年产增强增韧树脂1200t以及复合材料制品5000t，产品广泛应用于轨道交通、海洋工程、工程机械、新能源等领域，先后建立了江苏省PAN基碳纤维工程技术研究中心、江苏省碳纤维及复合材料工程中心、国家级复合材料企业博士后工作站、科技部碳纤维及复合材料产业技术创新基地，同时在英国还成立了恒神欧洲技术中心。共申请了8项相关专利(见表3-15)，把这些专利要求保护的主题进行分类标引，全部涉及“树脂体系”和“纤维材料”两大主题。

表3-15　江苏恒神股份有限公司专利布局分析

序号	标题	纤维类型及结构	用途	同族专利/个	被引次数/次	申请号	申请日期
1	轻量化磁悬浮列车司机室外罩及整体成型工艺	玻璃纤维及碳纤维为增强体，不饱和聚酯树脂、环氧树脂、乙烯基树脂或酚醛树脂为基体	磁悬浮列车司机室外罩	2	4	CN201310494094.8	2013年10月21日
2	高速动车复合材料车底设备舱底板	碳纤维斜纹织物、碳纤维单向织物，无卤环保阻燃低黏度环氧树脂，PVC夹芯泡沫	高速动车车底设备舱底板	2	2	CN201510721434.5	2015年10月30日

续表

序号	标题	纤维类型及结构	用途	同族专利/个	被引次数/次	申请号	申请日期
3	轻量化磁悬浮列车司机室外罩	玻璃纤维及碳纤维为增强体，不饱和聚酯树脂、环氧树脂、乙烯基树脂或酚醛树脂作为基体	轻量化磁悬浮列车司机室外罩	1	5	CN201320648139.8	2013年10月21日
4	一种真空袋固化碳纤维预浸料及其图案化制造技术	碳纤维织物，环氧树脂	轨道交通等领域	1	0	CN201810407839.5	2018年5月2日

该单位的专利布局具有以下特点：(1)布局的专利全部为玻璃纤维及碳纤维增强体与环氧树脂体系配合制备复合材料；(2)每项专利都有非常明确、具体的应用终端并保护成型技术，集中在磁悬浮列车司机室外罩、高速动车车底设备舱底板等方面；(3)大部分中国专利布局在2013—2018年。

3.2.4.4.5　杰事杰新材料股份有限公司中国专利布局

杰事杰新材料股份有限公司是一家致力于工程塑料、新型复合材料等高分子材料研发、制造的高科技集团公司，已布局复合材料、耐高温尼龙、循环经济、大结构制件、3D打印等领域，呈现出日益旺盛的发展势头。在国内申请了7项铁路列车轻量化纤维复合材料相关专利（见表3-16），把这些专利要求保护的主题进行分类标引，全部涉及“树脂体系”和“纤维材料”两大主题。

表3-16 杰事杰新材料股份有限公司专利布局分析

序号	标题	纤维类型及结构	用途	同族专利/个	被引次数/次	申请号	申请日期
1	一种热塑性复合材料、制备方法及其应用	碳纤维、玻璃纤维、聚酰胺纤维、陶瓷纤维等纤维中的一种或一种以上，热塑性树脂	火车壁板、墙板或顶板	2	53	CN201210139083.3	2012年5月8日
2	一种高效无卤阻燃不饱和聚酯模塑料及其制备方法	短切无碱玻璃纤维，间苯型不饱和聚酯树脂、邻苯型不饱和聚酯树脂或乙烯基不饱和聚酯树脂	轨道交通领域	2	8	CN201310053772.7	2013年2月20日
3	一种尼龙6/聚丙烯复合材料及其制备方法	连续玻璃纤维、碳纤维、金属纤维或合成树脂纤维，尼龙6/聚丙烯	铁路领域	2	7	CN201110179517.8	2011年6月29日
4	一种铁路平车用复合地板及其制备方法	玻璃纤维、碳纤维、芳纶纤维和玄武岩纤维中的一种以上，聚丙烯、聚乙烯等热塑性树脂	铁路平车用复合地板	1	0	CN201711146991.4	2017年11月17日
5	一种尼龙折叠门导轨材料及其制备方法	玻璃纤维，尼龙	车用折叠门导轨	1	0	CN201710045174.3	2017年1月19日

该单位的专利布局具有以下特点：(1)保护纤维材料与树脂体系配置的方案多，主要涉及玻璃纤维、碳纤维材料作为增强体，与聚酯树脂、聚丙烯树脂、聚乙烯树脂体系配合。(2)每项专利都有非常明确、具体的应用终端，集中在火车壁

板、墙板、地板或顶板等方面。(3)中国专利基本布局在2013—2018年。

3.2.4.4.6 上海晋飞复合材料科技有限公司中国专利布局

上海晋飞复合材料科技有限公司的核心产品包括轨道交通、汽车工业、医疗介护、体育休闲、多轴织物以及预浸料。在国内申请了7项铁路列车轻量化纤维复合材料相关专利(见表3-17),把这些专利要求保护的主题进行分类标引,全部涉及"纤维预浸料"。

表3-17 上海晋飞复合材料科技有限公司专利布局分析

序号	标题	纤维类型及结构	用途	同族专利/个	被引次数/次	申请号	申请日期
1	复合材料制作高铁设备舱裙板的工艺	芳纶蜂窝、PET泡沫、3K碳纤维阻燃预浸料、单向碳纤维阻燃预浸料、玻璃纤维阻燃预浸料、芳纶阻燃预浸料铺层	高铁设备舱裙板	7	8	CN201510947266.1	2015年12月16日
2	一种一体成型出来的阻燃高强度高铁车厢中的顶板	阻燃碳纤维预浸料、芳纶纸蜂窝	高铁车厢中顶板	1	3	CN201621292746.5	2016年11月29日
3	复合材料制作高铁设备舱底板的工艺	芳纶蜂窝、PET泡沫、3K碳纤维阻燃预浸料、单向碳纤维阻燃预浸料、玻璃纤维阻燃预浸料、芳纶阻燃预浸料铺层	高铁设备舱底板	7	2	CN201510947269.5	2015年12月16日

续表

序号	标题	纤维类型及结构	用途	同族专利/个	被引次数/次	申请号	申请日期
4	一种一体成型出来的阻燃高强度高铁车厢中的顶板及其成型工艺	阻燃碳纤维预浸料、芳纶纸蜂窝	高铁车厢顶板	1	1	CN201611073123.3	2016年11月29日
5	一种一体袋压成型出来的高铁卧铺梯子和扶手及其成型工艺	3K斜纹阻燃预浸料、单向碳纤维预浸料、泡沫层铺层	高铁卧铺梯子和扶手	1	0	CN201810412644.X	2018年5月3日

该公司的专利布局具有以下特点:(1)保护纤维预浸料与其他材料铺层设计的专利多。(2)每项专利都有非常明确、具体的应用终端,集中在高铁设备舱裙板、底板,车厢顶板等方面。(3)中国专利基本布局在2013—2018年。

3.2.4.4.7　中国铁道科学研究院中国专利布局

中国铁道科学研究院(CHINA ACADEMY OF RAILWAY SCIENCES)是中国铁路唯一的多学科、多专业的综合性研究机构。在国内申请了6项铁路列车轻量化纤维复合材料相关专利,最早的一项申请在2013年(见表3-18)。这些专利要求保护的主题进行分类标引,主要涉及“复合板材”。

表3-18　中国铁道科学研究院专利布局分析

序号	标题	纤维类型及结构	用途	同族专利/个	被引次数/次	申请号	申请日期
1	列车减速器制动板及其制造方法	海泡石纤维、短切玻璃纤维、双马来酰亚胺树脂	列车减速器制动板	2	3	CN201110090963.1	2011年4月12日

续表

序号	标题	纤维类型及结构	用途	同族专利/个	被引次数/次	申请号	申请日期
2	一种铁路平车用复合材料地板	玻璃纤维增强的聚氨酯发泡结构	铁路平车地板	1	2	CN201621147712.7	2016年10月21日
3	一种纤维增强复合板、其制备方法和应用	短切纤维增强聚氨酯发泡材料	铁路平车地板	2	1	CN201610922207.3	2016年10月21日
4	一种铁路平车用复合材料地板	玻璃纤维增强的聚氨酯发泡结构	铁路平车地板	1	0	CN201621274309.0	2016年11月24日
5	一种铁路平车用复合材料地板	玻璃纤维增强的聚氨酯发泡结构	铁路平车地板	1	0	CN201610922149.4	2016年10月21日

该公司的专利布局具有以下特点：(1)保护玻璃纤维增强的聚氨酯发泡结构纸币车用地板的专利多。(2)每项专利都有非常明确、具体的应用终端，大部分是铁路平车地板，也有列车减速器制动板专利。(3)中国专利主要布局在2013—2018年。

3.2.4.4.8　河北辛集腾跃实业有限公司中国专利布局

河北辛集腾跃实业有限公司始建于1992年，经营范围主要是城市轨道交通设备制造、铁路配件等。在国内申请了6项铁路列车轻量化纤维复合材料相关专利(见表3-19)，把这些专利要求保护的主题进行分类标引，全部涉及“耐磨复合材料”。

表3-19 河北辛集腾跃实业有限公司专利布局分析

序号	标题	纤维类型及结构	用途	同族专利/个	被引次数/次	申请号	申请日期
1	高分子复合材料旁承磨耗板	海泡石纤维、玻璃纤维、芳纶纤维，双马树脂和玻璃布	铁路货车用旁承磨耗板	2	11	CN201010609013.0	2010年12月28日
2	用于铁路货车轴箱的耐磨垫	海泡石纤维、玻璃纤维，预浸树脂胶玻璃布，浸胶短切纤维	铁路货车轴箱耐磨垫	2	8	CN201010166025.0	2010年5月10日
3	铁路货车轴箱耐磨垫	海泡石纤维、玻璃纤维，预浸树脂胶玻璃布，浸胶短切纤维	铁路货车轴箱耐磨垫	2	0	CN201010609085.5	2010年12月28日

该公司专利布局具有以下特点：(1)全部为耐磨复合材料专利，主要保护以海泡石纤维、玻璃纤维、芳纶纤维为耐磨层的材料。(2)中国专利主要布局在2010年。

3.2.4.4.9 兴化市精密铸锻造产业研究院有限公司中国专利布局

兴化市精密铸锻造产业研究院有限公司位于江苏省，是兴化市人民政府与江苏大学共投共建成立。在国内申请了6项铁路列车轻量化纤维复合材料相关专利(见表3-20)，把这些专利要求保护的主题进行分类标引，全部涉及“吸声复合材料”。

表3-20　兴化市精密铸锻造产业研究院有限公司专利布局分析

序号	标题	纤维类型及结构	用途	同族专利/个	被引次数/次	申请号	申请日期
1	一种轨道交通用碳纤维表面涂层复合材料吸声板制备方法	PAN基碳纤维针刺体,环氧树脂或酚醛树脂	轨道交通用吸声板	1	0	CN201811647251.3	2018年12月30日
2	一种石墨烯改性黏胶基碳纤维地铁座椅下吸声板制备方法	黏胶基碳纤维针刺体,环氧树脂或酚醛树脂	座椅下吸声板	1	0	CN201811647237.3	2018年12月30日
3	一种石墨烯改性地铁座椅下吸声板的制备方法	PAN基碳纤维针刺体,环氧树脂或酚醛树脂	座椅下吸声板	1	0	CN201811649497.4	2018年12月30日
4	一种石墨烯改性高铁降噪吸声板的制备方法	PAN基碳纤维针刺体,环氧树脂或酚醛树脂	高铁降噪吸声板	1	0	CN201811649496.X	2018年12月30日
5	一种轨道交通用石墨烯改性黏胶基碳纤维吸声板制备方法	黏胶基碳纤维针刺体,环氧树脂或酚醛树脂	轨道交通用吸声板	1	0	CN201811647252.8	2018年12月30日

该公司的专利布局具有以下特点:(1)全部为吸声复合材料的专利,主要保护以碳纤维针刺体与环氧树脂或酚醛树脂复合的材料。(2)中国专利主要布局在2018年。

3.2.4.4.10　株洲联诚集团有限责任公司中国专利布局

株洲联诚集团有限责任公司位于湖南省,是一家资产规模达10亿元,销售规模38亿元以上的专业化公司,重点服务于铁路机车、动车组和城轨车辆三大产业领域,具有30年的轨道交通装备部件研制历程,先后完成国际最先进的大功率交传机车和高速动车组的多个系统和关键部件研发制造，主要客户为南车集团，北车集团核心成员企业及西门子、庞巴迪、阿尔斯通和三菱公司，并实现产品批量出口欧洲和中亚国家。在国内共申请了5项相关专利（见表3-21），把这些专利要求保护的主题进行分类标引，主要涉及“车体制造”和“纤维材料”两大类。

表3-21　株洲联诚集团有限责任公司专利布局分析

序号	标题	纤维类型及结构	用途	同族专利/个	被引次数/次	申请号	申请日期
1	一种压电吸声复合材料及其制备方法	尼龙短纤维或玻璃短纤维或玻璃纤维布或尼龙布，PVC基体，或PU基体，或ABS基体	铁路动车、城市轨道交通动车内装材料	2	5	CN201310019581.9	2013年1月21日
2	一种中低速轨道交通用碳纤维复合材料车体结构	碳纤维、阻燃环氧树脂复合材料	中低速轨道交通用车体结构	1	1	CN201620863664.5	2016年8月10日
3	纤维增强泡沫夹芯结构复合材料机车驾驶舱及其制备方法	碳纤维织物、玻璃纤维织物、碳纤维—玻璃纤维混编织物	机车驾驶舱舱体	2	0	CN201610654719.6	2016年8月10日
4	一种车墙用内饰件及其制备方法		列车车墙用内饰件	2	0	CN201510373028.4	2015年6月30日
5	纤维增强泡沫夹芯结构复合材料机车驾驶舱		机车驾驶舱舱体	1	0	CN201620863636.3	2016年8月10日

该公司的专利布局具有以下特点：(1)保护车体产品的专利多；(2)中国专利主要布局在2013—2018年。

3.2.4.5　人才地图

紧盯产业与人才发展前沿，对接区域产业需求和人才需求，有助于提升区域引才工作的主动性、针对性与精确性。

从我国铁路列车轻量化纤维复合材料技术领域人才列表可知，当前该领域的知名科学家主要分布在中部、东部和南部沿海、东北地区，且以江苏、北京、湖南三大省份为高端人才集聚中心(见表3–22)。

表3–22　我国铁路列车轻量化纤维复合材料技术领域主要专利发明人

省市	主要专利发明人	所属机构
北京	潘安徽	中国铁道科学研究
	张听 王伟	北京盘天新技术 运载火箭技术研究院
	王伟	运载火箭技术研究院
山东	王冬至 朱波	济南大学 山东大学
	朱波	山东大学
江苏	朱约辉、林勇	苏州东南佳新材料
	谢佐鹏	常熟风范电力设备
	孙平	苏州市科创聚合物
	梁智萍	兴化市精密铸锻造产业研究院
安徽	杨桂生	合肥杰事杰新材料
	戴新民	滁州远方车船装备工程
上海	朱家强	上海晋飞碳纤维科技
浙江	孙亚峰	嘉兴领科材料技术 张宵华：宁波华缘玻璃钢电器制造
	张宵华	宁波华缘玻璃钢电器制造

续表

省市	主要专利发明人	所属机构
湖南	谭艳	株洲联诚 肖鹏:中南大学
	肖鹏	中南大学
四川	陈逊	德阳科吉高新材料
	杨杰	西南交通大学

第4章　结论与建议

4.1　汽车轻量化纤维复合材料产业发展情况

4.1.1　产业发展现状和趋势：处于快速发展阶段，我国起步晚、发展快

从产业发展现状和趋势看，汽车轻量化纤维复合材料技术正处于快速发展期，具有广阔的发展前景。汽车轻量化纤维复合材料技术第一份相关专利出现于1965年，但该领域真正的发展在1977年以后。1977—1998年，汽车轻量化纤维复合材料技术进入波动成长期，专利申请量虽有波动，总体上呈上升趋势。1999年以后，随着环保和轻量化、节能的呼声越来越高，以及航空领域的发展促进世界高性能纤维复合材料产能释放形成的成本下降，刺激了大量的需求，作为新材料前沿的高性能纤维复合材料逐步替代汽车零部件中的金属产品和其他传统材料，汽车轻量化纤维复合材料的受关注度越来越高，相关专利申请量直线上升。可以预测，未来汽车轻量化纤维复合材料专利申请量仍会有持续增长的趋势，发展前景毋庸置疑。研究报告指出，全球汽车轻量化市场容量在2024年将达到1696亿美元，年复合增长率将达到12.5%，国内市场前景也很大，根据中国汽车流通协会发布的《2018年中国汽车市场消费报告》，我国汽车消费总量（新车销售量）自2009年首次超过美国后，连续9年居全球第一位，2018年我国汽车销量约为2780万辆，占全球汽车总销量30%，是美国的1.6倍、欧盟15国的1.7倍、日本的5.5倍，相当于2018年全球消费的每三辆汽车中，就有一台是中国消费者购买的。而随着电动化等新技术的兴起，汽车工业进入了快速变革时期，新一轮科技革命推动着传统汽车工业的转型升级，新能源汽车正逐步成为未来汽

车的全新定义，2018年我国新能源汽车销量110万辆，同比增长70%，可以预见，未来汽车轻量化将大有可为，这为国内研发汽车轻量化纤维复合材料企业带来了巨大的商机和发展空间。

4.1.2 技术研发情况：纤维增强体、树脂体系、复合材料应用是研发热点

从技术研发情况看，全球主要集中在三大方向：(1)纤维增强体；(2)树脂体系；(3)纤维复合材料应用。其中，纤维增强体方面，按纤维类型分，碳纤维复合材料、玻璃纤维复合材料专利最多(3713项、3114项)，是研究热点，随后是芳纶复合材料(826项)和玄武岩纤维复合材料(277项)，从结构研究看，织物铺层、短切纤维粉末填充两种结构的专利数量多，是研究热点。树脂体系方面，聚酰胺树脂、聚丙烯树脂是研究热点。应用方面，发动机、轮胎、刹车三个领域专利数量多，是研究热点。

我国研究主要集中在产业链下游的纤维复合材料应用研究，包括充气轮胎、板簧、刹车片、车门板、车顶、燃料罐、蓄电池、轮辋、吸声材料等；其次是产业链中游纤维增强体和树脂体系，特别是碳纤维、玻璃纤维增强体；最后是产业链上游的原料、添加剂等。

4.1.3 专利全球区域分布：美国、德国、日本十分注重全球布局，我国积极布局，比较重视玄武岩纤维复合材料

从专利的全球区域分布角度看，日本、德国、美国和法国是全球汽车轻量化纤维复合材料技术的先行者，但2012年前后开始出现专利申请下降趋势；我国在该领域起步晚、发展快。当前，我国与日本的企业和科研单位非常重视汽车轻量化纤维复合材料的研发，技术实力雄厚，处于全球第一梯队，德国和美国处于第二梯队，法国则处于第三梯队。

四国均侧重于碳纤维复合材料和玻璃纤维复合材料的研发，德国、美国的芳纶复合材料专利申请比例较高，我国和法国的玄武岩纤维复合材料专利申请比

例较高，且我国在该材料领域的专利数量占有绝对优势。

日本、美国、德国非常注重在较经济较发达的国家和地区进行专利布局，申请了大量PCT专利抢占市场，在汽车轻量化纤维复合材料领域开展了激烈的专利输出战，日本在美国、德国布局较多，美国在日本、德国、韩国申请较多，德国在美国、日本申请也较多，然而三国在我国的专利布局则较少。我国机构也在日本、美国、韩国和欧洲地区积极开展专利布局，采取外向型的市场战略。这主要是由于采用汽车轻量化纤维复合材料的高端汽车市场主要集中在美国、日本、欧洲，而我国市场规模相对较小。

4.1.4　中国专利区域来源：国外机构在华布局尚初具规模

从我国专利的区域来源看，2955项我国专利中，有18%来自国外机构，其中5%来自美国、5%来自欧洲，国外公司对我国的专利布局比较多，国内发展汽车轻量化纤维复合材料产业已遭遇来自国外的专利壁垒。这些国外企业在我国的专利布局最侧重汽车轻量化碳纤维复合材料，其次是玻璃纤维复合材料，芳纶复合材料、玄武岩纤维复合材料的专利则很少。

在国内省市排名中，江苏和安徽的汽车纤维复合材料专利最多，处于第一梯队；随后是山东、浙江、上海和广东；其他省市的相关专利则较少；碳纤维复合材料、玻璃纤维复合材料和芳纶复合材料专利申请量最大的省份是江苏省，玄武岩纤维复合材料领域专利申请量最大的是浙江省。总体上，国内各省市在汽车轻量化纤维复合材料专利产业的专利聚集度都不高。

4.1.5　竞争机构：日本机构团体领先，我国机构起步晚、少而散，奇瑞汽车、金发科技崭露头角

从竞争机构上看，全球汽车轻量化纤维复合材料专利申请排名TOP 20的申请人基本被日本和德国瓜分，我国汽车轻量化纤维复合材料专利申请总体处于起步晚、少而散的状态，只有奇瑞汽车、金发科技两个申请人进入了该行列，缺乏具有绝对优势的企业或科研单位。TOP 10申请人为：东丽、三菱、住友、宝马、丰

田、本田汽车、戴姆勒、现代汽车、普利司通、旭化成,其中7家来自日本。主要申请人的技术特长大部分是碳纤维复合材料,旭化成、巴斯夫和金发科技的特长是玻璃纤维复合材料,玄武岩纤维复合材料相关专利申请较多的是宝马,且国外公司与公司之间的专利合作申请较少。

汽车轻量化纤维复合材料产业中国专利大部分来自企业申请人,高校院所的科研投入表现不好。TOP 10申请人被国外、国内机构平分秋色,国外申请人中韩国现代汽车遥遥领先,日本东丽、美国通用位于第二梯次;还有韩国起亚自动车、美国福特、日本住友、美国杜邦、日本帝人、日本三菱、沙特基础、德国拜耳材料科学。国内申请人主要集中在长三角地区,也包括广东省、山东省等地,其中,安徽省的奇瑞汽车股份有限公司、广东省的金发科技股份有限公司表现最为突出,位列中国专利数量第2名、第3名,仅次于韩国现代自动车,此外还有上海杰事杰新材料、无锡吉兴汽车、普利特复合材料、芜湖天鸿汽车零部件、上海日之升新技术、青岛欣展塑胶、扬中市天正合成材料、浙江华江科技。

4.2 铁路列车轻量化纤维复合材料产业发展情况

4.2.1 产业发展现状和趋势:处于技术成熟期,我国起步晚、发展快

从产业发展现状和趋势看,全球铁路列车轻量化纤维复合材料专利总量与汽车用轻量化纤维复合材料技术相比较少,仅是其2/5。第一份相关专利出现于1968年,但真正的出现在1987年以后,专利申请量波动上升。2008年以后,随着全球城市化、工业化程度的不断深入,铁路运输产业取得了长足的发展,作为新材料前沿的高性能纤维复合材料逐步替代传统材料制成的铁路列车车厢及零部件。自2012年以后,全球专利申请量虽持续增长、专利申请人数量却呈现波动下降趋势,全球高速列车轻量化纤维复合材料技术显示出步入技术成熟期的特征,竞争趋向激烈,技术门槛提高,部分企业开始退出市场。而我国铁路列车轻量化纤维复合材料技术到21世纪才真正开始发展,在国家政策的利好下发展迅

速，尤其是“一带一路”倡议为中国高铁带来广阔的海外市场后，铁路列车轻量化领域进一步壮大。2015—2018年国内仍然不断有新的企业申请人涌现，且伴随高铁列车装备的需求增加，上游高性能纤维、树脂、助剂生产技术以及中游复合材料制造技术会进一步细化、深化，下游的应用领域会持续拓展、升级，可以预测，未来我国高速列车轻量化纤维复合材料专利申请量仍会有持续增长的趋势，发展前景毋庸置疑。

4.2.2　技术研发情况：纤维复合材料应用、复合工艺、助剂添加是研发热点

我国铁路列车轻量化纤维复合材料领域中国专利的授权率中等偏高，该领域具有一定研发实力。从技术研发情况上看，全球主要集中在三大方向：(1)纤维复合材料应用；(2)复合工艺；(3)助剂添加。其中，纤维复合材料应用方面，吸声材料、铁路列车卧铺、摩擦材料、转向架是研究热点，从纤维类型看，玻璃纤维复合材料专利最多(731项)，碳纤维复合材料紧随其后(707项)，是研究热点；从结构看，复合夹层结构的芯层是研究热点。复合工艺方面，纤维增强体制造工艺、长丝缠绕工艺、拉挤成型工艺以及层合工艺是热点。助剂添加方面，填充料及增强剂是研究热点。

我国研究主要集中在产业链下游的纤维复合材料应用研究，包括卧铺、铁路货车、复合地板、摩擦材料等；其次是产业链中游纤维增强体和树脂体系，特别是碳纤维、玻璃纤维增强体；最后是产业链上游的原料、添加剂等。

4.2.3　专利全球区域分布：中国、日本、美国十分注重全球布局，我国玄武岩纤维复合材料占绝对优势

从专利的全球区域分布角度看，日本、美国、德国和法国是全球铁路列车用纤维复合材料技术的先行者，但2012年前后美国、德国出现专利申请下降趋势，日本和法国增长也不明显；我国在该领域起步晚、发展快。当前，我国与日本的企业和科研单位非常重视铁路列车用纤维复合材料的研发，技术实力雄厚，处于

全球第一梯队，美国处于第二梯队，德国和法国则处于第三梯队。五国均侧重于碳纤维复合材料和玻璃纤维复合材料的研发，中国、日本、美国三国在芳纶复合材料领域平分秋色，玄武岩纤维复合材料方面我国占有绝对优势。

日本、美国非常注重在较经济较发达的国家和地区进行专利布局，申请了大量PCT专利抢占市场，在车用纤维领域开展了激烈的专利输出战，日本的布局主要在美国，美国在日本、法国、德国申请较多，然而三国在我国的专利布局很少。我国机构在美国、日本和欧洲地区积极开展专利布局，采取外向型的市场战略。美国、日本、欧洲是该领域的研发实力所在，随着中国企业“走出去”步伐不断加快，越来越多的中国企业注重通过专利布局维护自身海外权益。

4.2.4 中国专利区域来源：国外机构在华布局较深入，江苏领跑全国

从我国专利的区域来源看，728项中国专利中，有44%来自国外机构，其中8%来自美国、7%来自日本，国外公司比较重视中国市场，国内发展铁路列车用纤维复合材料产业受到来自国外的专利壁垒较高。这些国外企业在我国的专利布局最侧重铁路列车轻量化碳纤维复合材料，其次是玻璃纤维复合材料、芳纶复合材料的布局，玄武岩纤维复合材料的专利较少。

在国内省市排名中，专利主要来源于中部、东部和南部沿海和东北地区，江苏遥遥领先，上海、湖南处于第二梯队，随后是北京、山东、浙江、四川和河北，其他省市的相关专利则较少。国内机构最侧重玻璃纤维复合材料，这与国外在华专利技术不仅不同，随后依次是碳纤维复合材料、芳纶复合材料和玄武岩纤维复合材料，玻璃纤维复合材料和碳纤维复合材料专利申请量最大的省份都是江苏省，芳纶复合材料和玄武岩纤维复合材料领域专利申请量最大的是上海市。总体上，国内各省市在铁路列车轻量化纤维复合材料专利产业的专利聚集度都不高，但高于汽车用轻量化纤维复合材料近一倍。

4.2.5　竞争机构：日本机构团体领先，我国机构起步晚、实力强，上海的企业和高校领先全国

从竞争机构上看，全球铁路列车轻量化纤维复合材料专利申请排名TOP 20的申请人，主要来自日本（8家）、中国（5家）和美国（3家），来自中国的5家机构以企业为主体，包括1所高校，TOP10专利申请人中来自中国的机构最多，我国铁路列车轻量化纤维复合材料领域申请人拥有较强的技术实力，但专利大部分集中在2013—2018年，起步较晚。

主要申请人的技术特长各有不同，且碳纤维复合材料的相关专利都比较多。其中，杜邦、上海睿兔、东华大学、韩国铁路技术研究院、日本制铁、上海晋飞复合材料、住友化学、帝人、通用电气各领域分布较均衡，碳纤维、玻璃纤维和芳纶复合材料的专利均较多；阿克马、中国中车、沙特基础、巴斯夫、DIC油墨、中国运载火箭技术研究院的专利主要分布在碳纤维和玻璃纤维复合材料；东丽、三菱、波音、王子控股的专利主要集中在碳纤维复合材料；芳纶纤维复合材料相关专利申请最多的是杜邦；玄武岩纤维复合材料相关专利申请最多的机构是上海睿兔、东华大学。国外公司与公司之间的专利合作申请较少。

铁路列车轻量化纤维复合材料产业中国专利大部分来自企业申请人，高校院所的科研投入表现不好。TOP 10申请人主要来自国外，国外申请人中美国杜邦、法国阿克马位列前茅，与其后的日本东丽、美国波音、沙特基础、日本帝人等拉开一定距离，我国在该领域的研发基础还是比较薄弱。国内申请人主要来自央企、高校院所和长三角地区的企业，其中，中国中车成为国内申请人领跑，仅次于居榜首的美国杜邦在华专利数量；第二梯队包括苏州东南佳新材料、中国运载火箭技术研究院和江苏恒神，此外，上海的杰事杰新材料、晋飞复合材料、中国铁道科学研究院等表现也不错。TOP 10企业中没有浙江省企业。

4.3 我国车用轻量化纤维复合材料产业发展建议

4.3.1 加强顶层政策配套

日本机构在碳纤维及其复合材料产业的国际领先地位，离不开政府的支持。“能源基本计划”“经济成长战略大纲”和“京都议定书”等多项基本政策均将高性能碳纤维以及能源和环境友好相关技术作为应当推进的战略项目，从而得以有效集中各方资源。我国政府可为我国接纳国外相关产业转移提供更多政策便利，加强对国外纤维材料产业先进地区产业对外转移以及核心技术输出动态的关注，积极创造条件，争取接纳更多较高端产业转移，利用资本优势，争取更多股权收购机会。发现具有发展前景的项目，要及早介入洽谈合作，采取合作研发、技术转让、团队引进等方式，以资本优势实现弯道超车，争取获得突破性进展。

4.3.2 加强政府引导与支持

针对我国车用轻量化纤维复合材料产业基础研究薄弱、核心技术欠缺等问题，我国政府可从以下两个方面入手：一是积极引导企业与高校院所开展产学研合作，培育优势企业。引导支持上游高新技术企业、高校院所、下游应用型企业之间的合作，重点培育2～3家优势企业，鼓励企业引进一批在高性能纤维复合材料领域具有突出研发实力的大院大所共建创新载体，提升企业科研水平的同时，促进基础科研成果落地生根，可选择吉林大学、武汉理工大学、北京汽车研究总院、中南大学、中国运载火箭技术研究院、中国铁道科学研究院等在车用轻量化纤维复合材料领域专利数量较多、研究基础较好的高校院所。二是研究设立车辆轻量化新材料重大专项，锁定吸声材料、摩擦材料、铁路列车卧铺等技术要求较低且是应用热门的领域开展基础研发攻关，夯实基础、提升整体技术水平。

4.3.3 密切关注竞争对手

国外发达国家开展车用轻量化纤维复合材料研究与应用起步早，对我国进行了一定的专利布局，占得先机。汽车领域方面，我国企业和科研机构应重点关注韩国现代自动车株式会社、起亚自动车株式会社、日本东丽株式会社，美国通用汽车公司、福特公司、日本住友株式会社等竞争对手的研发动向及其在华专利申请；铁路列车领域方面，我国企业和科研机构应重点关注美国杜邦公司、法国阿克马、日本东丽株式会社等竞争对手的研发动向，及其在华专利申请。例如：(1)对于韩国现代自动车株式会社，主要跟踪其在车辆的吸声隔声材料、框架系统、摩擦材料等应用方面的专利布局。(2)对于日本东丽株式会社，关注其在树脂体系选配、碳纤维基材方面的研究。(3)对于美国通用汽车公司，关注其在车辆离合器摩擦材料、离心压缩机叶轮、储氢罐、车门外板、车辆结构支撑构件等应用以及树脂体系选配等方面的专利布局。(4)对于美国福特公司，关注其在车辆的仪表板、加强柱和冲击吸收部件等应用以及短切纤维复合材料方面的专利布局。(5)对于美国杜邦公司，关注其在重叠注塑技术方面的专利布局。(6)对于法国阿克马，关注其在树脂体系选配、纤维预浸渍技术方面的专利布局。(7)对于美国波音公司，关注其在复合材料结构设计方面的专利布局。在专利布局策略上，要优化专利布局，在重视核心专利的同时，更要重视外围专利，在方法、用途和组合物等方面多下功夫，才能突破国外专利壁垒并形成牢不可破的专利保护网。

另外在新兴技术方面，我国企业和科研机构可关注L02-A08(耐火材料、陶瓷、水泥的测试、控制方法)、G02-A02D2(基于乙烯基卤化聚合物的涂料、漆)、B61C(机动有轨车)、D01C(为提高纤维可纺性的化学处理)、G06N(基于特定计算模型的计算机系统)2015—2018年新出现的技术领域，提前开展技术攻关。针对重要研究成果积极申请PCT专利，为开拓海外市场构筑知识产权保护网。在申请策略上，应尽量推迟专利公开的时间，以争取在产品上市前1~2年才让公众知晓专利技术信息，以尽量降低被仿制、侵权的风险。

4.3.4 拓展下游应用终端市场

外资垄断车用轻量化高性能纤维及其复合材料主要环节的市场，相对国内企业布局的优势是全方位的、长期的且明显的，短期内这种格局很难被颠覆，下游复合材料市场由于应用多元化、高度分散性、市场空间广阔，更容易突围，被龙头企业垄断的可能性大大降低，同时下游产业环节符合微笑曲线效应，即产业链端点附加值高，因此就产业链上的投资机会而言，下游空间更大更容易进入。可因地制宜，我国高性能纤维及复合材料制造商可依托现有资源，逐步调整主营产品资源配比，发展复合材料及终端产品领域，或鼓励高性能纤维厂商加强与国内复合材料及车用终端产品的厂商开展战略合作，做大做强相关优势产业。

4.3.5　强化人才布局

轻量化纤维材料产业作为高技术含量行业，其关键核心技术的突破更加依赖一流科学家的研究智慧。在人才开发培养过程中，一要合理布局研发人员，在生产工艺、复合材料和应用方向的研发人员规模相当，对应于全产业链均衡分布，同时也要培养兼顾两个以上研发方向的复合型人才，以保证各环节研发的配合衔接。二要在各领域有相对固定的研发团队，能够在研发出新产品后，持续跟进后续的技术升级。三要突出核心发明人作用。对掌握核心技术、引领团队研发方向的核心发明人要注意激励和保留，使其能长期服务浙江省，在主导发明的同时传带新人，实现平稳地过渡和交接。

4.4　浙江省车用轻量化纤维复合材料产业发展情况与建议

4.4.1　浙江省车用轻量化纤维复合材料产业发展情况

4.4.1.1　省级政策大力支持，面临国内外双重竞争压力

近年来，浙江省陆续出台相关政策规划，支持车用高性能纤维复合材料产业发展，提供了良好的宏观发展环境。2016年，《浙江省制造业发展“十三五”规划》提出要引导新能源汽车产业向轻量化、绿色化、安全化、智能化等方向发展，加快建设国内一流的新能源汽车制造与应用基地。重点发展用于车身、零部件

和整车制造的非金属复合材料、高强度轻质合金、高强度钢等轻量化材料。2017年,《浙江省新材料产业发展"十三五"规划》将高性能纤维及复合材料列入"十三五"关键战略材料,并指出要重点发展高性能玻璃纤维、碳纤维和超高分子量聚乙烯纤维,积极开发复合材料低成本规模化制造技术,拓展其在民用领域的应用,打造"高性能纤维—复合材料—轻量化装备"产业链。2019年,浙江省人民政府印发《浙江省加快新材料产业发展行动计划(2019—2022年)》,明确要开发汽车复合材料轻量化部件,减少能耗;在高性能纤维及复合材料等新材料领域建设省级制造业创新中心;依托绍兴市、杭州市萧山区、桐乡市高性能纤维材料产业集群,重点发展高性能玻璃纤维、碳纤维、超高分子量聚乙烯纤维和高性能、差别化纤维,积极开发复合材料低成本规模化制造技术,拓展其在民用领域的应用,打造"高性能纤维—复合材料—轻量化装备"产业链,建设国内领先的环杭州湾高性能纤维及复合材料千亿级产业集群;推动聚甲基丙烯酰亚胺(PMI)泡沫、碳纤维、玄武岩纤维复合材料轻量化材料及制品在交通领域的应用。同年,《长江三角洲区域一体化发展规划纲要》提出加快建设现代轨道交通运输体系,明确提到"积极审慎开展沪杭等磁悬浮项目规划研究",如果要通过提速实现浙江省全域、长三角区域的同城化,高速列车轻量化技术是必经之路。

然而,浙江省该产业起步晚、加速慢,目前面临国内外双重竞争压力。从专利申请来看,国外汽车轻量化纤维材料技术的先行者于2000年步入高速发展阶段,国内2007年开始快速发展,而浙江省2011年才加速,起步落后国外顶尖水平7～10年、落后国内平均水平4～5年,专利申请量增速也低于全球及全国平均水平。同时,浙江省面临国内外双重竞争压力。国外机构在华专利占中国专利18%,在铁路列车方面,国外机构占比56%,随着中国市场的诱惑增大,更多机构将加速研究和专利布局;国内江苏、安徽、山东的专利申请量均高于浙江省,中国专利TOP 50申请人中浙江省仅浙江大学1家,且专利数量远低于安徽省的奇瑞汽车、广东省的金发科技等机构。

4.4.1.2　具备较好的产业基础,产业链上下游协作较少

产业链方面,具有比较完善的车用纤维复合材料产业体系。宁波、杭州、嘉兴引领全省车用纤维复合材料产业的发展。宁波具有中国科学院宁波材料技术

与工程研究所以及浙江泰先、宁波华业、宁波丽成、宁波华翔等优势企业，在纤维复合材料研究领域全国领先。绍兴市、杭州萧山、嘉兴桐乡是高性能纤维及复合材料上游纺织新材料(包括碳纤维材料)的主要产业集聚地。此外，2007年，在我国科技部的支持下，由中汽学会牵头组建了汽车轻量化技术创新战略联盟单位，浙江吉利控股集团有限公司、浙江大学、中国科学院宁波材料技术与工程研究所、杭州长江汽车有限公司、欧文斯科宁复合材料(中国)有限公司等均为成员单位。

浙江省近4年省级重点研发计划项目中，汽车轻量化纤维复合材料领域的企业间合作项目仅1项，校企合作集中于浙江大学、浙江工业大学等少数高校。从产业专利合作申请情况看，浙江省主要为企业集团内部合作，如浙江吉利控股集团有限公司与浙江吉利汽车研究院有限公司合作申请4项专利，而其在集团外部仅与上海华普汽车有限公司合作申请1项专利，此外省内再无其他跨集团的专利合作申请案例。无论是项目合作研发，还是专利合作申请，都显示出浙江省该产业存在各环节相对独立、协作较少的问题。这种现象在国内其他省份也普遍存在。而汽车轻量化纤维材料产业链涉及纤维制造、中间材料生产及复合材料加工等多个过程，产业链的整体协作与发展非常重要。

4.4.1.3 拥有创新要素集聚优势，资源布局有待进一步优化

创新链方面，浙江省汇聚了中科院宁波材料所、浙江大学、中国兵器科学研究院宁波分院等一批国内领先的研发机构，并已围绕产业链布局了一批创新载体(见表4-1)。上游载体分布在浙北的杭州、嘉兴和浙中的金华，共4个国家级创新载体、2个省级重点实验室及5个省级企业研究院；中游载体主要在杭州，共4个省级载体；下游载体集中于浙东沿海，共有省级重点实验室、省级高新技术特色产业基地、省级工程技术研究中心各1家以及省级企业研究院8家。

产业专利集聚度指标是反映某个地区某领域专利申请量占全部产业领域专利申请量的比例状况，可说明该地区该产业的发展潜力。浙江省汽车轻量化纤维材料产业专利聚集度落后于江苏、安徽，甚至低于全省产业专利总量远少于浙江省的山东、河南。此外，省内创新载体布局与产业链优势地区的呼应有待加强，比如：宁波市在中游纤维复合材料研究领域全国领先，拥有一批优势企业，相

关专利申请量大，然而围绕中游布局的省级载体对宁波却并不青睐。现有的创新资源布局有待进一步优化，以促进产业更好发展。

表4-1　浙江省汽车轻量化纤维增强复合材料领域相关创新平台

产业链	载体类型	名称	依托单位	所在地市
上游	国家工程实验室	碳纤维制备技术国家工程实验室	中国科学院宁波材料技术与工程研究所	宁波
	国家工程技术研究中心	国家碳纤维工程技术研究中心浙江分中心	绍兴文理学院、滨海工业区、浙江精功碳纤维有限公司共建	绍兴
	国际科技合作基地	纤维多维结构制备与应用国际科技合作基地	浙江理工大学	杭州
	国家地方联合工程实验室	纺织纤维材料与加工技术国家地方联合工程实验室	浙江理工大学	杭州
	省级重点实验室	浙江省纤维材料和加工技术研究重点实验室	浙江理工大学	杭州
		浙江省玻璃纤维重点实验室	巨石集团	宁波
	省级高新技术特色产业基地、国家火炬计划高新技术特色产业基地	桐乡新型纤维高新技术特色产业基地	嘉兴市桐乡市	嘉兴
	省级企业研究院	浙江省四通新型高性能纤维材料研究院	浙江四通新材料科技股份有限公司	杭州
		浙江省恒石玻璃纤维制品研究院	浙江恒石纤维基业有限公司	嘉兴
		浙江省联洋高性能复合材料研究院	浙江联洋新材料股份有限公司	嘉兴
		浙江省金海环保材料企业研究院	浙江金海环境技术股份有限公司	绍兴

续表

产业链	载体类型	名称	依托单位	所在地市
上游	省级企业研究院	横店集团玄武岩纤维及其复合材料研究院	浙江石金玄武岩纤维股份有限公司	金华
中游	省级重点企业研究院	浙江省华江车用热塑性复合材料重点企业研究院	浙江华江科技股份有限公司	杭州
	浙江省国际科技合作基地	“纤维增强复合材料”浙江省国际科技合作基地	浙江理工大学	杭州
	省级企业研究院	浙江省本松高性能尼龙基复合新材料研究院	杭州本松新材料技术股份有限公司	杭州
	浙江省制造业创新中心	浙江省轻量化材料制造业创新中心	万丰奥特控股集团有限公司	绍兴
下游	省级重点实验室	浙江省汽车安全技术研究重点实验室	浙江吉利汽车研究院	杭州
	省级高新技术特色产业基地	瑞安市汽车关键零部件省级高新技术特色产业基地	温州市瑞安市	温州
	省级工程技术研究中心	浙江省汽车零部件工程技术研究中心	万向集团公司	杭州
	省级企业研究院	浙江省旭升汽车轻量化及新能源汽车零部件研究院	宁波旭升汽车技术股份有限公司	宁波
		浙江省国威汽车零部件企业研究院	国威科技有限公司	温州
		浙江省继峰多功能汽车座椅头枕及扶手轻量化设计研究院	宁波继峰汽车零部件股份有限公司	宁波
		浙江省新立新能源汽车饰件系统研究院	台州新立模塑科技股份有限公司	台州

续表

产业链	载体类型	名称	依托单位	所在地市
下游	省级企业研究院	浙江省泰鸿万立汽车底盘系统及开闭件研究院	浙江泰鸿万立科技股份有限公司	台州
		浙江省俱进先进汽车安全装备研究院	浙江俱进汽摩配件有限公司	台州
		浙江省宏协承轻量化车身材料及产品技术研究院	宁波宏协承汽车部件有限公司	宁波
		浙江省龙纪汽车结构件高强度轻量化技术研究院	浙江龙纪汽车零部件股份有限公司	温州

4.4.1.4　具有国内领先的特色技术，但核心技术不足，科研院所发挥的作用还不够

玄武岩纤维是除碳纤维、玻璃纤维、芳纶纤维外，当前汽车轻量化复合材料最主要的增强纤维之一，浙江省在上游玄武岩纤维生产、中游玄武岩纤维复合材料加工以及下游应用方面均有基础。浙江省汽车轻量化玄武岩纤维复合材料子领域的专利总量在国内居于首位，占比超14%，且浙江省最早开始研发和生产玄武岩纤维，参与制定国产玄武岩纤维生产技术标准，并建有1家玄武岩纤维及其复合材料的省级企业研究院和省级院士专家工作站，技术力量雄厚。浙江省还拥有该领域相关核心技术，如从2002年开始，依托国家“863”计划“玄武岩连续纤维及其复合材料”攻关项目，浙江独创了以全电熔炉为工艺技术特征的核心技术，抢占了该领域的技术制高点，并形成了国内一流的大规模高强玄武岩纤维产业化生产基地，产品应用已覆盖航天装备、军工装备、高铁、汽车等多个领域。

然而，总体来看，在国内机构申请的中国专利中，浙江省该领域专利总量排在国内第四位，远少于排第一、第二位的江苏和安徽，专利总量、发明专利数量均不到江苏2/5；在子领域中，轻量化碳纤维、玻璃纤维复合材料是浙江省优势领

域，但二者专利数量分别不到江苏省的1/2、1/3，在国内不占优势。国内机构申请的中国专利中，被引证次数最多的前100项专利，浙江省仅占7项，是江苏省的1/3。从专利申请主体看，省内专利仅9%由高校院所申请；从省级重点研发项目立项看，2020年度该领域项目仅14%由高校院所牵头，2017—2019年高校院所牵头项目数为0，而数字经济领域高校院所牵头率达41%。浙江省汽车轻量化材料产业专利总量、质量表现一般，产业技术开发不够，核心技术专利量少，高校院所对科研的引导作用不足。

4.4.2 浙江省车用轻量化纤维复合材料产业发展建议

4.4.2.1 建设浙江省汽车轻量材料产业联盟，推动上下游协同发展

日本碳纤维及其复合材料产业竞争力的提升离不开其覆盖全产业链的碳纤维产业联盟，浙江省可学习其先进产业联盟范式，成立浙江省轻量化汽车纤维材料产业联盟。通过联盟统一规划，对既有产业资源布局回炉重造，打通产业链、协同上下游，形成较大的合力和影响力，通过产业联盟整合浙江大学、中国科学院宁波材料所等科研院所，宁波巨石集团、浙江泰先等上游纤维制造商，浙江华江科技、宁波伊德尔新材料等中游复合材料企业，以及浙江吉利控股、宁波华翔汽车零部件等下游汽车整车及零部件生产商，达成产业链各环节间的协作、资源整合，确保合作各方市场优势，应对共同竞争者。牵头开发轻量化纤维材料产业链供需对接平台，针对疫情期间国际供应链中断风险，提供行业断点堵点需求信息采集、发布和管理服务，推动产业链协同复工复产。

4.4.2.2 优化创新资源配置，打造玄武岩纤维材料特色优势产业

围绕产业链部署创新链，围绕创新链布局产业链，合理分配区域创新资源，提高资源配置效率。鼓励宁波等中游产业发展领先地区，引进浙江大学、浙江工业大学、浙江理工大学及武汉理工大学等专利数量多、研究基础好、有突出研发实力的大院大所与企业共建创新载体，促进基础研究和成果落地。围绕金华、绍兴地区和温台地区的创新载体，做强做大高性能纤维生产、复合材料制造相关产业，形成集聚优势。发挥浙江省在玄武岩纤维复合材料领域的既有优势，因地制

宜做足长板。依托横店集团玄武岩纤维及其复合材料研究院等载体，建立研究合作平台，深化产学研合作，集中力量攻克一批领域关键技术问题；支持宁波、杭州、嘉兴等地的相关企业协同发力，拓展下游应用领域，打造“玄武岩纤维—复合材料—汽车轻量化装备”产业链，抢抓产业发展机遇，在全国乃至全球形成玄武岩纤维及复合材料应用的特色产业。

4.4.2.3　加强基础研究，组织前沿技术攻关

一是密切跟踪国际前沿技术。国外发达国家在该领域开展研究与应用起步早，建议密切跟踪主要竞争对手的研发动向，如韩国现代自动车的吸声隔音材料、日本东丽的树脂体系选配、美国通用汽车的离合器摩擦材料等，除核心专利竞争外，可在改进结构、方法和拓展用途的外围专利上下功夫，争取反制核心专利、获得交叉许可。二是加强基础研究。围绕专利热点技术和新兴专利技术，提前组织攻关，争取取得材料领域的基础性突破。应用方面可关注发动机、轮胎、刹车材料、板制件等方向；树脂体系方面关注聚酰胺树脂、聚丙烯树脂等方向；纤维增强体方面关注织物铺层、短纤填充、添加剂等方向。三是加强人才队伍建设。借助产业联盟，构筑联盟人才蓄水池，重点引进国内相关专利的主要发明人和团队，对照全产业链，均衡布局研发人员，强化人才培育，建立各环节相对固定的研发团队，并实施相应的人才政策激励。

4.4.2.4　加强政府引导与倾斜，营造更好政策环境

建议为浙江省接纳国内外相关产业转移提供更多政策便利，可加强关注国外纤维材料产业先进地区产业对外转移以及核心技术输出动态，政府积极创造条件，争取接纳更多较高端产业转移，利用资本优势，争取更多股权收购等机会。建议通过实施浙江省“海外高层次人才引进计划”“千人计划”“万人计划”，吸引并留住国内外一流水平的科学家和领军人才，可将相关专利的主要发明人和团队作为重点引进方向，以政府主导投资建设核心技术攻关项目，突出人才、项目和基地的有机结合，促进“引智、引技、引资、引企”联动发展。

参考文献

[1]凌静,王庆明.复合材料部件在汽车轻量化中的应用[J].现代零部件,2013(2):34-37.

[2]郑学森.国内汽车复合材料应用现状与未来展望[J].玻璃纤维,2010(3):35-42.

[3]罗益锋,罗晰旻.世界高性能纤维及复合材料的最新发展与创新[J].纺织导报,2015(5):21-24.

[4]蒋鞠慧,陈敬菊.复合材料在轨道交通上的应用与发展[J].玻璃钢/复合材料,2009(6):81-85.

[5]竺铝涛.汽车用碳纤维复合材料加工成型工艺研究进展[J].石油化工技术与经济,2013(1):59-62.

[6]刘新年,张红林,贺祯,等.玻璃纤维新的应用领域及发展[J].陕西科技大学学报:自然科学版,2009,27(5):169-171.

[7]LAUNAY A, MAITOURNAM M H. Cyclic Behaviour of Short Glass Fiber reinforced polyamide: experimental study and constitutive equations[J]. International Journal of plasticity, 2011, 27(8):1267-1293.

[8]陈封亮,万子松,周北斗.正交各向异性体剪切弹性模量的测定方法及其实际工程测定[J].合肥工业大学学报,1984(2):53-59.

[9]强超,陈汉军,杨挺.车用短玻璃纤维增强尼龙66各向异性模量和强度研究[C]//中国汽车工程学会.2015中国汽车工程学会年会论文集(Volume3).中国汽车工程学会:中国汽车工程学会,2015:159-162.

[10]季家友.芳纶Ⅲ表面改性及其与环氧复合体系的结构与性能研究[D].武汉:武汉理工大学,2012.

[11]张蓓.我国芳纶纤维的发展概况[J].精细与专用化学品,2010(10):6-9.

[12]吴卫东,赵冬梅,周彦豪,等.芳纶浆粕增强NR/BR复合材料结构与性能的研究[C]//中国橡胶工业协会橡胶工业骨架材料中外技术论坛暨2007年度骨架材料专业委员会会员大会论文集,2007:160-168.

[13]吴卫东,钦焕宇,曹建莉,等.超细芳纶浆粕短纤维增强CR复合材料结构与性能的研究[C]//第三届全国橡胶工业用织物和骨架材料技术研讨会论文集,2005:125-131.

[14]TSIMPRISWC,et al. Compounding with para-aramid fiber engineered elastomers[J]. Rubber World,2001,224(1):35-40.

[15]TSIMPRIS C W. 浆粕增强弹性体在橡胶制品中的运用[C]//骨架材料专业委员会暨2004年度会员大会技术论坛会论文集,2004:152.

[16]杨佳慧.玄武岩纤维的表面处理及其复合材料性能研究[D].上海:东华大学,2015.

[17]JIŘI MILITKÝ, VLADIMIR KOVAČIČ,JITKA RUBNEROVÁ. Influence of thermal treatment on tensile failure of basalt fibers[J]. Engineering Fracture Mechanic,2002,69(9):1025-1033.

[18]KADYKOVA Y A,et al. Physical and chemical interaction in polymer and composite materials based on carbon and basalt fibers[J]. Khimicheskie Volokna,2003(6):39.

[19] ONOMI SATOSH. Method for producing interior finish material for car: JP2004122549A[P]. 2004-04-22.

[20]YING S N,ZHOU X D. Chemical and thermal resistance of basalt fiber in inclement environments[J]. Journal of Wuhan University of Technology(Materials Science),2013,28(3):560-565.

[21]TAKEUCHI KAZUHIRO,OSADA TAKEO. Friction materia:JP2004331861[P]. 2004-11-25.

[22]ADAMCZAK LOIE,et al. Friction lining for equipment using dry friction, method of manufacturing this friction lining, and friction desk installed with friction lining:JP2004099902A[P]. 2004-04-02.

[23]苏堤，李度成，潘运娟．国外汽车摩擦材料的发展现状和趋势[J]．汽车研究与开发，2001(4)：45-48.

[24]陶玉虎．改性玄武岩纤维/天然橡胶复合材料的制备及性能研究[D]．淮南：安徽理工大学，2018.

[25]赵明远．氧化石墨烯-玄武岩纤维/聚乳酸复合材料研究[D]．大连：大连理工大学，2018.

[26]郭欢，麻岩，陈姝娜．连续玄武岩纤维的发展及应用前景[J]．中国纤检，2010(5)：76-79.

[27]叶鼎诠．玄武岩纤维与玻璃纤维的比较[J]．上海建材，2006(6)：8-9.

[28]杨佳慧．玄武岩纤维的表面处理及其复合材料性能研究[D]．上海：东华大学，2015.

[29]李全明，肖旋，张梅，等．连续玄武岩纤维及其复合材料研究进展[J]．高科技纤维与应用，2009(5)：33-37.

[30]胡显奇．我国应大力发展纯天然的连续玄武岩纤维[J]．新材料产业，2006(6)：65-70.

[31]吴佳林．连续玄武岩纤维的研究进展及应用[J]．化纤与纺织技术，2012(3)：38-41.

[32]方岩．聚乳酸/玄武岩纤维复合材料的制备及性能研究[D]．长春：吉林大学，2012.

[33]王玉梅，刘娟．聚乳酸/玄武岩纤维复合材料的制备及性能研究[J]．工程与试验，2012(3)：24.

[34]Deak T, Czigany T, Tamas P, et al. Enhancement of interfacial properties of basalt fiber reinforced nylon 6 matrix composites with silane coupling agents[J]. express polymer letters, 2010, 4(10): 590-598.

[35]赵栩欣，欧忠文，莫金川．玄武岩纤维与其他纤维的单丝强度及强度分布对比分析[J]．建筑技术开发，2013(1)：17-19.

附录 专利检索策略

1 总检索式

X:汽车用轻量化纤维复合材料

(((IP=(B29C-070/06 OR B29C-070/08 OR B29C-070/10 OR B29C-070/12 OR B29C-070/14 OR B29C-070/16 OR B29C-070/18 OR B29C-070/20 OR B29C-070/22 OR B29C-070/24 OR D06N-003/00 OR C08J-005/04 OR C08J-005/06 OR C08J-005/08 OR C08J-005/10 OR C04B-035/80 OR C04B-035/81 OR C04B-035/82 OR C04B-035/83 OR C04B-035/84OR B32B-017/02 OR B32B-017/04) AND (TI=(vehicle or vehicles or car or cars or sedan or sedans or bus or buses or automobile or automobiles or saloon or saloons or limousine or limousines or autos or electrombile or electrombiles or HEV)))) OR ((IP=(B29C-070/06 OR B29C-070/08 OR B29C-070/10 OR B29C-070/12 OR B29C-070/14 OR B29C-070/16 OR B29C-070/18 OR B29C-070/20 OR B29C-070/22 OR B29C-070/24 OR D06N-003/00 OR C08J-005/04 OR C08J-005/06 OR C08J-005/08 OR C08J-005/10 OR C04B-035/80 OR C04B-035/81 OR C04B-035/82 OR C04B-035/83 OR C04B-035/84OR B32B-017/02 OR B32B-017/04) AND (IP=(B60B-005/02 OR B60B-007/00 OR B60B-009/00 OR B60B-011/00 OR B60B-015/00 OR B60B-019/00 OR B60B-025/00 OR B60B-035/00 OR B60B-037/00 OR B60G* OR B60K* OR B60L* OR B60N* OR B60T-001/00 OR B60T-007/00 OR B60T-008/00 OR B60T-011/00 OR B60T-013/00 OR B60T-017/00) OR (MAN=(Q11-A OR Q14 OR Q17-A* OR Q19-C01 OR Q19-C02 OR Q19-D OR Q19-F03 OR Q19-P OR Q19-Q01 OR Q19-X OR X22-P03 OR X22-P04A OR X22-P05A OR X22-P05B OR X22-P06))))) OR ((TS=(((fiber$ OR fibre$ OR fibrous OR fabric$ OR thread$ OR filament$ OR yarn$) NEAR/1 (reinforc* OR composit*)) OR FRP) AND (IP=(B29C-070/30 OR B29C-070/32 OR B29C-

070/34 OR B29C-070/36 OR B29C-070/38 OR B29C-070/40 OR B29C-070/42 OR B29C-070/44 OR B29C-070/46 OR B29C-070/48 OR B29C-070/50 OR B29C-070/52)) AND (TI=(vehicle or vehicles or car or cars or sedan or sedans or bus or buses or automobile or automobiles or saloon or saloons or limousine or limousines or autos or electrombile or electrombiles or HEV)))) OR ((TS=(((fiber$ OR fibre$ OR fibrous OR fabric$ OR thread$ OR filament$ OR yarn$) NEAR/1 (reinforc* OR composit*)) OR FRP) AND (IP=(B29C-070/30 OR B29C-070/32 OR B29C-070/34 OR B29C-070/36 OR B29C-070/38 OR B29C-070/40 OR B29C-070/42 OR B29C-070/44 OR B29C-070/46 OR B29C-070/48 OR B29C-070/50 OR B29C-070/52)) AND ((IP=(B60B-005/02 OR B60B-007/00 OR B60B-009/00 OR B60B-011/00 OR B60B-015/00 OR B60B-019/00 OR B60B-025/00 OR B60B-035/00 OR B60B-037/00 OR B60G* OR B60K* OR B60L* OR B60N* OR B60T-001/00 OR B60T-007/00 OR B60T-008/00 OR B60T-011/00 OR B60T-013/00 OR B60T-017/00) OR (MAN=(Q11-A OR Q14 OR Q17-A* OR Q19-C01 OR Q19-C02 OR Q19-D OR Q19-F03 OR Q19-P OR Q19-Q01 OR Q19-X OR X22-P03 OR X22-P04A OR X22-P05A OR X22-P05B OR X22-P06)))))) OR ((TS=(((fiber$ OR fibre$ OR fibrous OR fabric$ OR thread$ OR filament$ OR yarn$) NEAR/1 (reinforc* OR composit*)) OR FRP) AND (IP=(B60B-005/02 OR B60B-007/00 OR B60B-009/00 OR B60B-011/00 OR B60B-015/00 OR B60B-019/00 OR B60B-025/00 OR B60B-035/00 OR B60B-037/00 OR B60G* OR B60K* OR B60L* OR B60N* OR B60T-001/00 OR B60T-007/00 OR B60T-008/00 OR B60T-011/00 OR B60T-013/00 OR B60T-017/00) OR (MAN=(Q11-A OR Q14 OR Q17-A* OR Q19-C01 OR Q19-C02 OR Q19-D OR Q19-F03 OR Q19-P OR Q19-Q01 OR Q19-X OR X22-P03 OR X22-P04A OR X22-P05A OR X22-P05B OR X22-P06))))) OR ((MAN=(A11-B09A1* OR A11-B09C* OR A12-S08B* OR A12-S08F* OR F03-D04* OR A12-S04D*) AND TI=(vehicle or vehicles or car or cars or sedan or sedans or bus or buses or automobile or automobiles or saloon or saloons or limousine or limousines or autos or electrombile or electrombiles or HEV))) OR ((MAN=(A11-B09A1 OR A11-B09C OR A12-

S08B OR A12-S08F OR F03-D04 OR A12-S04D) AND (IP=(B60B-005/02 OR B60B-007/00 OR B60B-009/00 OR B60B-011/00 OR B60B-015/00 OR B60B-019/00 OR B60B-025/00 OR B60B-035/00 OR B60B-037/00 OR B60G* OR B60K* OR B60L* OR B60N* OR B60T-001/00 OR B60T-007/00 OR B60T-008/00 OR B60T-011/00 OR B60T-013/00 OR B60T-017/00) OR (MAN=(Q11-A OR Q14 OR Q17-A* OR Q19-C01 OR Q19-C02 OR Q19-D OR Q19-F03 OR Q19-P OR Q19-Q01 OR Q19-X OR X22-P03 OR X22-P04A OR X22-P05A OR X22-P05B OR X22-P06))))) OR ((TS=(((fiber$ OR fibre$ OR fibrous OR fabric$ OR thread$ OR filament$ OR yarn$) NEAR/1 (reinforc* OR composit*)) OR FRP) AND (MAN=(A11-B09B* OR A12-S08A* OR A12-S08C* OR A12-S08D* OR A12-S08E* OR A05-A01E* OR A05-A01B* OR A12-S04A3* OR A12-A05*)) AND (TI=(vehicle or vehicles or car or cars or sedan or sedans or bus or buses or automobile or automobiles or saloon or saloons or limousine or limousines or autos or electrombile or electrombiles or HEV)))) OR ((TS=(((fiber$ OR fibre$ OR fibrous OR fabric$ OR thread$ OR filament$ OR yarn$) NEAR/1 (reinforc* OR composit*)) OR FRP) AND (MAN=(A11-B09B* OR A12-S08A* OR A12-S08C* OR A12-S08D* OR A12-S08E* OR A05-A01E* OR A05-A01B* OR A12-S04A3* OR A12-A05*)) AND (IP=(B60B-005/02 OR B60B-007/00 OR B60B-009/00 OR B60B-011/00 OR B60B-015/00 OR B60B-019/00 OR B60B-025/00 OR B60B-035/00 OR B60B-037/00 OR B60G* OR B60K* OR B60L* OR B60N* OR B60T-001/00 OR B60T-007/00 OR B60T-008/00 OR B60T-011/00 OR B60T-013/00 OR B60T-017/00) OR (MAN=(Q11-A OR Q14 OR Q17-A* OR Q19-C01 OR Q19-C02 OR Q19-D OR Q19-F03 OR Q19-P OR Q19-Q01 OR Q19-X OR X22-P03 OR X22-P04A OR X22-P05A OR X22-P05B OR X22-P06))))))

Y:铁路列车用轻量化纤维复合材料

((IP=(B29C-070/06 OR B29C-070/08 OR B29C-070/10 OR B29C-070/12 OR B29C-070/14 OR B29C-070/16 OR B29C-070/18 OR B29C-070/20 OR B29C-070/22 OR B29C-070/24 OR D06N-03/00 OR C08J-005/04 OR C08J-005/06 OR C08J-

005/08 OR C08J-005/10 OR C04B-035/80 OR C04B-035/81 OR C04B-035/82 OR C04B-035/83 OR C04B-035/84OR B32B-017/02 OR B32B-017/04）AND（TS=（train OR comboio OR subway OR metro OR Underground OR U-Bahn）OR（IP=（B61C* OR B61D-013/00 OR B61D-013/02OR B61D-017/00 OR B61D-017/02 OR B61D-017/04 OR B61D-017/06 OR B61D-017/08 OR B61D-017/10 OR B61D-017/12 OR B61D-017/14 OR B61D-017/16 OR B61D-017/18 OR B61D-017/20 OR B61D-017/22 OR B61D-019/00 OR B61D-019/02 OR B61D-023/00 OR B61D-023/02 OR B61D-025/00 OR B61D-027/00 OR B61D-031/00 OR B61D-033/00 OR B61D-035/00 OR B61F* OR B61G* OR B61H*））OR（MAN=（Q21-A08 OR Q21-C03I OR Q21-J03））））OR（（TS=（（（fiber$ OR fibre$ OR fibrous OR fabric$ OR thread$ OR filament$ OR yarn$）NEAR/1（reinforc* OR composit*））OR FRP）AND（IP=（B29C-070/30 OR B29C-070/32 OR B29C-070/34 OR B29C-070/36 OR B29C-070/38 OR B29C070/40*））AND（MAN=（train OR comboio OR subway OR metro OR Underground OR U-Bahn）OR（IP=（B61C* OR B61D-013/00 OR B61D-013/02OR B61D-017/00 OR B61D-017/02 OR B61D-017/04 OR B61D-017/06 OR B61D-017/08 OR B61D-017/10 OR B61D-017/12 OR B61D-017/14 OR B61D-017/16 OR B61D-017/18 OR B61D-017/20 OR B61D-017/22 OR B61D-019/00 OR B61D-019/02 OR B61D-023/00 OR B61D-023/02 OR B61D-025/00 OR B61D-027/00 OR B61D-031/00 OR B61D-033/00 OR B61D-035/00 OR B61F* OR B61G* OR B61H*））OR（MAN=（Q21-A08 OR Q21-C03I OR Q21-J03）））））OR（（TS=（（（fiber$ OR fibre$ OR fibrous OR fabric$ OR thread$ OR filament$ OR yarn$）NEAR/1（reinforc* OR composit*））OR FRP）AND（（IP=（B61C* OR B61D-013/00 OR B61D-013/02OR B61D-017/00 OR B61D-017/02 OR B61D-017/04 OR B61D-017/06 OR B61D-017/08 OR B61D-017/10 OR B61D-017/12 OR B61D-017/14 OR B61D-017/16 OR B61D-017/18 OR B61D-017/20 OR B61D-017/22 OR B61D-019/00 OR B61D-019/02 OR B61D-023/00 OR B61D-023/02 OR B61D-025/00 OR B61D-027/00 OR B61D-031/00 OR B61D-033/00 OR B61D-035/00 OR B61F* OR B61G* OR B61H*））OR（MAN=（Q21-A08 OR Q21-C03I OR Q21-J03）））））OR

(MAN=(A11-B09A1* OR A11-B09C* OR A12-S08B* OR A12-S08F* OR F03-D04* OR A12-S04D*) AND (TS=(train OR railway OR railroad OR rail OR comboio OR subway OR metro OR Underground OR U-Bahn) OR (IP=(B61C* OR B61D-013/00 OR B61D-013/02OR B61D-017/00 OR B61D-017/02 OR B61D-017/04 OR B61D-017/06 OR B61D-017/08 OR B61D-017/10 OR B61D-017/12 OR B61D-017/14 OR B61D-017/16 OR B61D-017/18 OR B61D-017/20 OR B61D-017/22 OR B61D-019/00 OR B61D-019/02 OR B61D-023/00 OR B61D-023/02 OR B61D-025/00 OR B61D-027/00 OR B61D-031/00 OR B61D-033/00 OR B61D-035/00 OR B61F* OR B61G* OR B61H*)) OR (MAN=(Q21-A08 OR Q21-C03I OR Q21-J03)))) OR ((TS=(((fiber$ OR fibre$ OR fibrous OR fabric$ OR thread$ OR filament$ OR yarn$) NEAR/1 (reinforc* OR composit*)) OR FRP) AND (MAN=(A11-B09B* OR A12-S08A* OR A12-S08C* OR A12-S08D* OR A12-S08E* OR A05-A01E* OR A05-A01B* OR A12-S04A3* OR A12-A05*)) AND (TS=(train OR comboio OR subway OR metro OR Underground OR U-Bahn) OR (IP=(B61C* OR B61D-013/00 OR B61D-013/02OR B61D-017/00 OR B61D-017/02 OR B61D-017/04 OR B61D-017/06 OR B61D-017/08 OR B61D-017/10 OR B61D-017/12 OR B61D-017/14 OR B61D-017/16 OR B61D-017/18 OR B61D-017/20 OR B61D-017/22 OR B61D-019/00 OR B61D-019/02 OR B61D-023/00 OR B61D-023/02 OR B61D-025/00 OR B61D-027/00 OR B61D-031/00 OR B61D-033/00 OR B61D-035/00 OR B61F* OR B61G* OR B61H*)) OR (MAN=(Q21-A08 OR Q21-C03I OR Q21-J03))))))

A:碳纤维复合材料

(((TS=(carbonfibre$ OR carbonfibre$ OR torayca OR carboform OR grafil OR ((carbon OR carbolic OR carbonaceous OR carbonic OR carbonous OR nanocarbon) NEAR/1 (fiber$ OR fibre$ OR fabric$ OR thread$ OR filament$ OR yarn$)) OR (carbon NEAR/1 matrix) OR (carbon-carbon) OR (C-C) OR CFRP OR CFRTP OR CFRC) OR (IP=(D04H-001/4242 OR D21H-013/50 OR D06M-014/36 OR D06M-101/40 OR C04B-035/83))) AND (IP=(B29C-070/06 OR B29C-070/08 OR B29C-

070/10 OR B29C-070/12 OR B29C-070/14 OR B29C-070/16 OR B29C-070/18 OR B29C-070/20 OR B29C-070/22 OR B29C-070/24 OR D06N-03/00 OR C08J-005/04 OR C08J-005/06 OR C08J-005/08 OR C08J-005/10 OR C04B-035/80 OR C04B-035/81 OR C04B-035/82 OR C04B-035/83 OR C04B-035/84OR B32B-017/02 OR B32B-017/04OR C08J-005/24))) OR (((TS=(carbonfibre$ OR carbonfibre$ OR torayca OR carboform OR grafil OR ((carbon OR carbolic OR carbonaceous OR carbonic OR carbonous OR nanocarbon) NEAR/1 (fiber$ OR fibre$ OR fabric$ OR thread$ OR filament$ OR yarn$)) OR (carbon NEAR/1 matrix) OR (carbon-carbon) OR (C-C) OR CFRP OR CFRTP OR CFRC) OR (IP=(D04H-001/4242 OR D21H-013/50 OR D06M-014/36 OR D06M-101/40 OR C04B-035/83))) AND (TS=(((fiber$ OR fibre$ OR fibrous OR fabric$ OR thread$ OR filament$ OR yarn$) NEAR/1 (reinforc* OR composit*)) OR FRP) AND (IP=(B29C-070/30 OR B29C-070/32 OR B29C-070/34 OR B29C-070/36 OR B29C-070/38 OR B29C-070/40 OR B29C-070/42 OR B29C-070/44 OR B29C-070/46 OR B29C-070/48 OR B29C-070/50 OR B29C-070/52))))) OR ((IP=(C04B-035/83)) OR (MAN=(A12-S08C))) OR ((TS=(carbonfibre$ OR carbonfibre$ OR torayca OR carboform OR grafil OR ((carbon OR carbolic OR carbonaceous OR carbonic OR carbonous OR nanocarbon) NEAR/1 (fiber$ OR fibre$ OR fabric$ OR thread$ OR filament$ OR yarn$)) OR (carbon NEAR/1 matrix) OR carbon-carbon OR C-C OR CFRP OR CFRTP OR CFRC) OR (IP=(D04H-001/4242 OR D21H-013/50 OR D06M-014/36 OR D06M-101/40 OR C04B-035/83))) AND (MAN=(A11-B09A1* OR A11-B09C* OR A12-S08B* OR A12-S08F* OR F03-D04* OR A12-S04D*))) OR (((TS=(carbonfibre$ OR carbonfibre$ OR torayca OR carboform OR grafil OR ((carbon OR carbolic OR carbonaceous OR carbonic OR carbonous OR nanocarbon) NEAR/1 (fiber$ OR fibre$ OR fabric$ OR thread$ OR filament$ OR yarn$)) OR (carbon NEAR/1 matrix) OR carbon-carbon OR C-C OR CFRP OR CFRTP OR CFRC) OR (IP=(D04H-001/4242 OR D21H-013/50 OR D06M-014/36 OR D06M-101/40 OR C04B-035/83))) AND (TS=(((fiber$ OR fibre$ OR fibrous OR fabric$ OR thread$ OR filament$ OR yarn$) NEAR/1 (reinforc* OR composit*)) OR FRP) AND (MAN=(A11-B09B* OR A12-S08A* OR A12-S08C* OR A12-S08D* OR A12-S08E* OR A05-A01E* OR A05-A01B* OR A12-S04A3* OR A12-A05*))))))

B:玻璃纤维复合材料

(((TS=((glass NEAR/1 (fiber$ OR fibre$ OR fabric$ OR thread$ OR filament$ OR yarn$)) OR fiberglass) OR (IP=(D04H-001/4218 OR D04H-005/12 OR C03B-037/01 OR C03C-013/00 OR C08J-005/08 OR D04H-003/004 OR D21H-013/40)) OR (MAN=(F01-C07E OR F01-D09B))) AND (IP=(B29C-070/12 OR B29C-070/14 OR B29C-070/16 OR B29C-070/18 OR B29C-070/20 OR B29C-070/22 OR B29C-070/24 OR D06N-003/00 OR C08J-005/04 OR C08J-005/06 OR C08J-005/08 OR C08J-005/10 OR C04B-035/80 OR C04B-035/81 OR C04B-035/82 OR C04B-035/83 OR C04B-035/84OR B32B-017/02 OR B32B-017/04 OR C08J-005/24))) OR (((TS=((glass NEAR/1 (fiber$ OR fibre$ OR fabric$ OR thread$ OR filament$ OR yarn$)) OR fiberglass) OR (IP=(D04H-001/4218 OR D04H-005/12 OR C03B-037/01 OR C03C-013/00 OR C08J-005/08 OR D04H-003/004 OR D21H-013/40)) OR (MAN=(F01-C07E OR F01-D09B))) AND (TS=(((fiber$ OR fibre$ OR fibrous OR fabric$ OR thread$ OR filament$ OR yarn$) NEAR/1 (reinforc* OR composit*)) OR FRP) AND (IP=(B29C-070/30 OR B29C-070/32 OR B29C-070/34 OR B29C-070/36 OR B29C-070/38 OR B29C-070/40 OR B29C-070/42 OR B29C-070/44 OR B29C-070/46 OR B29C-070/48 OR B29C-070/50 OR B29C-070/52))))) OR ((IP=(B32B-017/04) AND (TS=((glass NEAR/1 (fiber$ OR fibre$ OR fabric$ OR thread$ OR filament$ OR yarn$)) OR fiberglass)))) OR (MAN=(P73-V14)) OR ((TS=((glass NEAR/1 (fiber$ OR fibre$ OR fabric$ OR thread$ OR filament$ OR yarn$)) OR fiberglass) OR (IP=(D04H-001/4218 OR D04H-005/12 OR C03B-037/01 OR C03C-013/00 OR C08J-005/08 OR D04H-003/004 OR D21H-013/40)) OR (MAN=(F01-C07E OR F01-D09B)) OR (MAN=(F01-C07E OR F01-D09B))) AND (MAN=(A11-B09A1* OR A11-B09C* OR A12-S08B* OR A12-S08F* OR F03-D04* OR A12-S04D*))))

C:芳纶纤维复合材料

(((TS=(((aramid OR polyaramid$ OR aromatic-polyamide$ OR Meta-Aramid OR metaaramid OR PMIA OR para-aramid OR paraaramid OR PPTA OR polysulphonamide OR polysulfonamide) NEAR/1 (fiber$ OR fibre$ OR fabric$ OR thread$ OR filament$ OR yarn$)) OR kevlar OR Nomex OR Aramidibne OR ALKEX OR Armos OR tanlon OR conex OR twaron OR technora OR Metamax OR Terlon) OR (MAN =(F01-D03B))) AND (IP=(B29C-070/06 OR B29C-070/08 OR B29C-070/10 OR B29C-070/12 OR B29C-070/14 OR B29C-070/16 OR B29C-070/18 OR B29C-070/20 OR B29C-070/22 OR B29C-070/24 OR D06N-003/00 OR C08J-005/04 OR C08J-005/06 OR C08J-005/08 OR C08J-005/10 OR C04B-035/80 OR C04B-035/81 OR C04B-035/82 OR C04B-035/83 OR C04B-035/84OR B32B-017/02 OR B32B-017/04 OR C08J-005/24))) OR (((TS=(((aramid OR polyaramid$ OR aromatic-polyamide$ OR Meta-Aramid OR metaaramid OR PMIA OR para-aramid OR paraaramid OR PPTA OR polysulphonamide OR polysulfonamide) NEAR/1 (fiber$ OR fibre$ OR fabric$ OR thread$ OR filament$ OR yarn$)) OR kevlar OR Nomex OR Aramidibne OR ALKEX OR Armos OR tanlon OR conex OR twaron OR technora OR Metamax OR Terlon) OR (MAN=(F01-D03B))) AND (TS=(((fiber$ OR fibre$ OR fibrous OR fabric$ OR thread$ OR filament$ OR yarn$) NEAR/1 (reinforc* OR composit*)) OR FRP) AND (IP=(B29C-070/30 OR B29C-070/32 OR B29C-070/34 OR B29C-070/36 OR B29C-070/38 OR B29C-070/40 OR B29C-070/42 OR B29C-070/44 OR B29C-070/46 OR B29C-070/48 OR B29C-070/50 OR B29C-070/52))))) OR ((TS=(((aramid OR polyaramid$ OR aromatic-polyamide$ OR Meta-Aramid OR metaaramid OR PMIA OR para-aramid OR paraaramid OR PPTA OR polysulphonamide OR polysulfonamide) NEAR/1 (fiber$ OR fibre$ OR fabric$ OR thread$ OR filament$ OR yarn$)) OR kevlar OR Nomex OR Aramidibne OR ALKEX OR Armos OR tanlon OR conex OR twaron OR technora OR Metamax OR Terlon) OR (MAN=(F01-D03B))) AND (MAN=(A11-B09A1* OR A11-B09C* OR A12-S08B* OR A12-S08F* OR F03-D04* OR A12-S04D*))) OR (((TS=(((aramid OR polyaramid

$ OR aromatic-polyamide$ OR Meta-Aramid OR metaaramid OR PMIA OR para-aramid OR paraaramid OR PPTA OR polysulphonamide OR polysulfonamide) NEAR/1 (fiber$ OR fibre$ OR fabric$ OR thread$ OR filament$ OR yarn$)) OR kevlar OR Nomex OR Aramidibne OR ALKEX OR Armos OR tanlon OR conex OR twaron OR technora OR Metamax OR Terlon) OR (MAN=(F01-D03B))) AND (TS=(((fiber$ OR fibre$ OR fibrous OR fabric$ OR thread$ OR filament$ OR yarn$) NEAR/1 (reinforc* OR composit*)) OR FRP) AND (MAN=(A11-B09B* OR A12-S08A* OR A12-S08C* OR A12-S08D* OR A12-S08E* OR A05-A01E* OR A05-A01B* OR A12-S04A3* OR A12-A05*)))) OR (MAN=(A12-S08F))))

D:玄武岩纤维复合材料

((TS=(basalt NEAR/1 (fiber$ OR fibre$ OR fabric$ OR thread$ OR filament$ OR yarn$)) AND (IP=(B29C-070/06 OR B29C-070/08 OR B29C-070/10 OR B29C-070/12 OR B29C-070/14 OR B29C-070/16 OR B29C-070/18 OR B29C-070/20 OR B29C-070/22 OR B29C-070/24 OR D06N-003/00 OR C08J-005/04 OR C08J-005/06 OR C08J-005/08 OR C08J-005/10 OR C04B-035/80 OR C04B-035/81 OR C04B-035/82 OR C04B-035/83 OR C04B-035/84OR B32B-017/02 OR B32B-017/04 OR C08J-005/24))) OR ((TS=(basalt NEAR/1 (fiber$ OR fibre$ OR fabric$ OR thread $ OR filament$ OR yarn$)) AND (TS=(((fiber$ OR fibre$ OR fibrous OR fabric$ OR thread$ OR filament$ OR yarn$) NEAR/1 (reinforc* OR composit*)) OR FRP) AND (IP=(B29C-070/30 OR B29C-070/32 OR B29C-070/34 OR B29C-070/36 OR B29C-070/38 OR B29C-070/40 OR B29C-070/42 OR B29C-070/44 OR B29C-070/46 OR B29C-070/48 OR B29C-070/50 OR B29C-070/52))))) OR ((TS=((basalt NEAR/1 (fiber$ OR fibre$ OR fabric$ OR thread$ OR filament$ OR yarn$)) AND (((fiber$ OR fibre$ OR fibrous OR fabric$ OR thread$ OR filament$ OR yarn$) NEAR/1 (reinforc* OR composit*)) OR FRP)))) OR (TS=(basalt NEAR/1 (fiber$ OR fibre$ OR fabric$ OR thread$ OR filament$ OR yarn$)) AND (MAN=(A11-B09A1* OR A11-B09C* OR A12-S08B* OR A12-S08F* OR F03-D04* OR A12-S04D*))) OR ((TS=(basalt NEAR/1 (fiber$ OR fibre$ OR fabric$ OR thread$ OR filament$ OR yarn$)) AND (TS=(((fiber$ OR fibre$ OR fibrous OR fabric$ OR thread$ OR filament$ OR yarn$) NEAR/1 (reinforc* OR composit*)) OR FRP) AND (MAN=(A11-B09B* OR A12-S08A* OR A12-S08C* OR A12-S08D* OR A12-S08E* OR A05-A01E* OR A05-A01B* OR A12-S04A3* OR A12-A05*))))))

2 汽车轻量化纤维复合材料检索式

X1:汽车用碳纤维复合材料

X1=X*A

X2:汽车用玻璃纤维复合材料

X2=X*B

X3:汽车用芳纶纤维复合材料

X3=X*C

X4:汽车用玄武岩纤维复合材料

X4=X*D

3 铁路列车轻量化纤维复合材料检索式

Y1:铁路列车用碳纤维复合材料

Y1=Y*A

Y2:铁路列车用玻璃纤维复合材料

Y2=Y*B

Y3:铁路列车用芳纶纤维复合材料

Y3=Y*C

Y4:铁路列车用玄武岩纤维复合材料

Y4=Y*D